Die zwiespältige Diebesjagd in der Vorstadt

Zwei Spieleideen von Robert Jansen

Bibliografische Information der Deutschen Nationalbibliothek:
Die Deutsche Nationalbibliothek verzeichnet diese Publikation in der Deutschen Nationalbibliografie; detaillierte bibliografische Daten sind im Internet über www.dnb.de abrufbar.

© 2017 Robert Jansen
Herstellung und Verlag:
BoD – Books on Demand, Norderstedt
ISBN: 978-3-7431-1135-6

Inhalt

Ein paar einleitende Gedanken   7

  I. Zwiespalt   13

    1. Das Spielmaterial   14
    2. Die Aufstellung der Spielsteine   17
    3. Der Spielverlauf   18
    4. Reguläre Spielzüge   18
    5. Illegale Spielzüge   21
    6. Das Schlagen von Steinen   23
    7. Gewinn und Verlust   24
    8. Das Schlagverbot   26
    9. Wertung als Unentschieden   28
 10. Gewinnstrategien   30

 II. Die Diebesjagd in der Vorstadt   33

    1. Die Charaktere   36
    2. Der Ablauf des Spiels   48
    3. Die Vorgehensweise am Beispiel
        von vier Akteuren   52
    4. Der Ablauf am Tag   57
    5. Weiterer Verlauf und unblutiges Ende   58
    6. Die Ergreifung des Diebes   59
    7. Die Überführung beider Langfinger   60
    8. Gewinn und Verlust   61
    9. Schusswaffengebrauch und Zusatzpunkte   65
 10. Weitere Charaktere   70

Schlussbemerkungen   77

Ein paar einleitende Gedanken

Jedes Jahr erscheinen weltweit immer recht neue und teilweise äußerst komplexe Spiele, deren Regeln zunächst als sehr umfangreich empfunden werden. Wie ich selbst aus meinem eigenen Spielerumfeld weiß, gibt es einige Menschen, die zwar äußerst aufgeschlossen gegenüber einem neuen Spiel sind, aber bei einem Regelwerk von über zehn Seiten die Flinte vorschnell ins Korn werfen. Zumeist liegt das Problem darin, dass viele der neuartigen Spiele im ersten Moment durch eine unnötige Verschachtelung von Einzelaktionen, die ineinander verwoben sind, an Übersichtlichkeit verlieren.

Der Grund dafür ist oftmals leicht auszumachen. Da jedes Spiel, ob es nun im Wesentlichen auf Strategie oder Glück basiert, eine gewisse Ausgeglichenheit der Chancen für die einzelnen Spieler bieten muss, werden in bestimmten Fällen diverse Nuancen im Verlauf der Entwicklung hinzugefügt, die dann wiederum in die Geschichte, welche mit dem Spiel erzählt wird, stimmig eingepflegt werden müssen.

Eine andere beliebte Möglichkeit, ein Spiel attraktiver zu gestalten, ist, die Berechnung der am Ende erreichten Punkte jedes einzelnen Mitspielers zu einer lustigen Rateshow zu gestalten. Man hat von den gestreiften Karten neun Stück angehäuft und muss diesen Wert mit dem der zusätzlich gesammelten Gießkannen (sagen wir fünf) multiplizieren, hiervon die Quersumme bilden, davon die Wurzel ziehen. Hierzu addiert man die in der Gartenrunde gepflanzten Bäume (vielleicht vier), muss aber wiederum zwei Punkte abgeben, weil man mit seiner Spielfigur zuletzt ein gelbes Feld betreten hat. Bei einem solchen Rechenmarathon nach einem dreieinhalb Stunden währendem Spiel, welches nach Angabe des Herstellers nur zwanzig Minuten hätte andauern sollen, fragt niemand mehr danach, ob diese Wertung gerecht oder der eigenen Anstrengung entsprechend angemessen war. Man ist einfach nur noch müde, und einige in der Runde überlegen schon, wo sie ihr Auto geparkt hatten und ob es ihnen die Gastgeberin verzeihen mag, wenn sie jetzt schon ankündigen in einer Viertelstunde aufbrechen zu wollen. Ein cleverer Mitspieler freut sich derweil insgeheim, dass außer ihm niemand die Sache mit der Quersumme verstanden hatte, weshalb er am Ende glücklich um zweiundzwanzig Punkte vornliegt, was allen anderen sauer aufstößt.

In letzter Zeit sind viele Spiele auf solche Art konzipiert worden. Man darf nicht vergessen, dass eine etwas aus den Angeln gehobene Kalkulierbarkeit auch Gelüste hervorbringt, sich in einem solchen Labyrinth beweisen zu wollen, zum anderen aber auch der undurchdringbar wirkende Nebel eines eigensinnigen, fantastischen Universums eine nur allzu verständliche Anziehungskraft auf den Entdeckergeist des menschlichen Verstandes hat. So möchte man meinen, sei es nur allzu selbstverständlich, nach einer kräftezehrenden Odyssee durch den bereits erwähnten Punktesammelmarathon am Ende den Lohn seines Tuns zu erhalten. Natürlich wird auf diese Weise auch vermieden, was sonst offensichtlich wäre, nämlich, dass bereits nach der Hälfte der vertriebenen Zeit bereits eine starke Punkteverteilungstendenz auszumachen war, die den meisten Mitspielern somit bis zum Schluss oft nur erahnbar blieb.

Das Streben nach größerer Komplexität hat wiederum mehrere Ursachen und ist keineswegs eine zwingende Konsequenz aus der unüberschaubaren Fülle längst in alle Details durchgerechneter Konzeptionen, die nun in neuen Kombinationen ineinander verknüpft und, damit selbiges nicht auffällt, mit einer anderen Hintergrundgeschichte versehen werden. Nein, die Gründe hierfür haben wohl wenig mit dem Gedanken zu tun, dass alles schon da gewesen sei und man nun nach Verquickungen und Verschachtelungen diversester Ansätze suchen müsse.

So erinnere ich mich beispielsweise selbst an einen Spieleabend vor einigen Jahren, bei welchem einer der Anwesenden erklärte, dass gerade viele ältere Gesellschaftsspiele so etwas wie einen „Motor" besäßen, freilich eine etwas unerquickliche, da technische Metapher. Wie in einem aufgeplusterten Roman tauchten hier Handlungsstränge auf, von denen manche ins Nichts abglitten und für den Ausgang keinerlei Bedeutung hatten. Erkannte man also bereits zu Beginn das Prinzip und hatte zudem noch das erforderliche Quäntchen Glück, wozu fraglos auch die strategischen Fehler der Mitspieler zählten, durfte man dann am Ende auch oftmals triumphieren.

Heute will man solche eindimensionalen Strukturen vermeiden, und so bedient man sich vor allem zweier Methoden, um dem entgegenzuwirken. Zum einen werden unterschiedlichste asymmetrische Gewinnwege zur offensichtlichen Hauptstrategie entworfen, zum anderen aber auch die Übersichtlichkeit derart eingeschränkt, dass allein alte Hasen das jeweilige Prinzip weit genug durchblicken, um Neulinge regelmäßig vorführen zu können. Die Zeit, welche man in ein solch unendlich erscheinendes Regelwerk investieren müsste, erscheint letzteren dann möglicherweise als zu kostbar, auch im Hinblick darauf, dass sie mit diesem Wissen im Alltag wenig anfangen könnten. So halten viele solcher Spielkonzepte einige Hasardeure von der erforderlichen intensiven Beschäftigung mit dem Regelwerk ab, da das Verinnerlichen der jenem innewohnenden Gesetzmäßigkeiten einer Anstrengung bedurfte, die beinahe dem geistigen Durchdringen der Syntax einer neu zu erlernenden Sprache gleichkäme.

Um wie viel nachvollziehbarer und logischer hingegen sind da doch die Regeln von so uralten Spielen wie Backgammon, Go, Mikado oder dem etwas moderneren Activity. Natürlich entführen uns diese nicht in fantastische Welten, so man die unter Umständen sciencefictionbegeisterten Activityspieler einmal beiseite lässt. Zumeist dauern diese Spiele auch nicht den halben Abend oder noch länger, so dass man hier tatsächlich dazu kommt, zwischen den einzelnen Runden beispielsweise noch eine Mahlzeit zu sich nehmen zu können. Doch wie bereits angedeutet, scheint der Reiz des Abstrakten in unseren Tagen der Spieleindustrie fremd geworden zu sein, Fabelwesen, die auf Bäumen durch die Besenkammer reiten, versprühen da schon ein ganz anderes Flair.

Dort, wo babylonische Gottheiten im Schatten der ägyptischen Pyramiden mit Weinblättern Handel treiben, wo Seeschlachten auf den Spuren Alexanders ausgefochten werden, Hyperboreaner mit Lemuriern über den Edelmetallpreis feilschen und die größten Baumeister aller Zeiten die Säulenheiligen der Antike verehren, wird der Grad des Arabesken zum Wasserstandsmesser der Güte eines Spiels, das gleich einem epischen Theaterstück zelebriert wird.

Aber wollen wir uns nicht davon täuschen lassen, hinter jedem dieser Spiele steckt letztlich eine abstrakte Idee, ein Torso, im besten Falle so weit ausgeklügelt, dass die Spieler während der abendlichen Zerstreuung nichts davon bemerken. Abgelenkt und unterhalten von verschnörkeltem Tand samt einer Verbrämung historischer Fakten oder sagenartiger Finsterlinge träumt sich der Spieler somit in die Staffage hinein, vergessend, verdrängend, dass am Ende Wurzeln aus Quersummen gezogen werden müssen.

Nun gut, in der Zwischenzeit lässt er sich von dem in solch einem Spiel steckenden geschichtlichem Hintergrund, den er sich sonst möglicherweise mühsam erarbeiten müsste, nur allzu gern begeistern. In einigen Fällen wäre es vielleicht indes ratsamer, sich in ein geeignetes Geschichtsbuch zu vertiefen, um nicht einem ironisch gebrochenen Stereotyp aufzusitzen, sagen wir, vielleicht.

Für die in diesem Büchlein vorgestellten zwei Spiele lassen wir die Welt der Märchenfiguren oder Sagengestalten allerdings komplett hinter uns und kämpfen auch nicht gegen Caesars Armeen oder erobern gar selbst fremde Länder. Stattdessen beschäftigen wir uns zunächst mit einem rein abstrakten Brettspiel, um uns dann anschließend einer entmystifizierten Abwandlung des bekannten Werwolfthemas zu widmen.

I. Zwiespalt

Bei unserem ersten Spiel handelt es sich um ein herkömmliches und durchaus abstraktes Brettspiel. Im Unterschied zu anderen jedoch ist die Zahl der eigenen Steine nur bedingt ein Beleg für die jeweiligen Gewinnchancen. Im Gegenteil, ist es hier sogar als schwieriger einzuschätzen, ohne den teilweisen Verlust einiger solcher eine passable Gewinnstellung zu erreichen. Damit wird der materialistische Charakter vieler anderer Brettspiele umgangen, was sowohl den Reiz erhöht, gegnerische Steine nicht zu schlagen als auch, sich über eine diesbezügliche Notwendigkeit immer Rechenschaft geben zu müssen. Im Besitz einer geradzahligen Menge Steine gewinnt ein Spieler zudem auf andere Weise als mit einer ungeradzahligen, ganz unabhängig davon wie viele Steine sein Kontrahent auf dem Brett am Ende sein Eigen nennt.

Damit hat dieses Spiel einen grundsätzlich strategischen Charakter, Glücksmomente entfallen ganz, der Anzugsvorteil ist, wenn er überhaupt vorhanden ist, nur als minimal einzuschätzen.

Daneben hat Zwiespalt auch noch eine Reihe weiterer spezieller Eigenheiten vorzuweisen. So variiert beispielsweise die Reichweite eines Spielsteins je nach Position auf dem Brett. Sie kann zwischen zwei und zehn Feldern schwanken. Wie dies nun alles im Einzelnen vor sich geht, wollen wir uns aber der Reihe nach anschauen.

Zunächst betrachten wir die Gestaltung des Spielbrettes samt der darauf angeordneten Steine, um danach auf die Zug– und Schlagregeln einzugehen. Im Anschluss daran beschäftigen wir uns mit der Frage, wie man gewinnt, verliert oder es zu einem Unentschieden kommen kann.

1. Das Spielmaterial

Zunächst einmal brauchen wir ein geeignetes Spielbrett. Die nachfolgende Abbildung zeigt nun ein solches unter Angabe der entsprechenden Abmessungen.

Das Spiel wird von zwei Personen auf einem 64feldrigen Brett ausgefochten. Dieses ist in unterschiedlich gestaltete Spielfelder eingeteilt, welche zum einen acht verschiedene Formen und zum anderen vier unterschiedliche Farben aufweisen. Das Brett zeichnet sich des Weiteren durch eine eigenständige Geometrie aus, da die Felder sich nicht allein durch ihre Form und Farbe, sondern auch, was sehr auffällig ist, in ihrer Größe unterscheiden.

So haben wir zum einen quadratische Spielfelder, die tatsächlich eine zweimal so große Fläche einnehmen wie die karoförmigen. Daneben gibt es dreieckige und parallelogrammartige Felder, welche sich aber auch durch ihre Ausrichtung auf dem Brett unterscheiden und dabei jeweils nur halb so groß sind wie die Karos.

Die Konstellation aller dieser Felder folgt wiederum symmetrischen Erwägungen, die dem Spielverlauf seine charakteristische Note verleihen werden.

Das Spielbrett selbst ist zwar quadratisch geschnitten, wird aber als Karo zwischen den beiden Kontrahenten platziert.

Es weist folgendes Muster (mit den entsprechenden Maßen) auf:

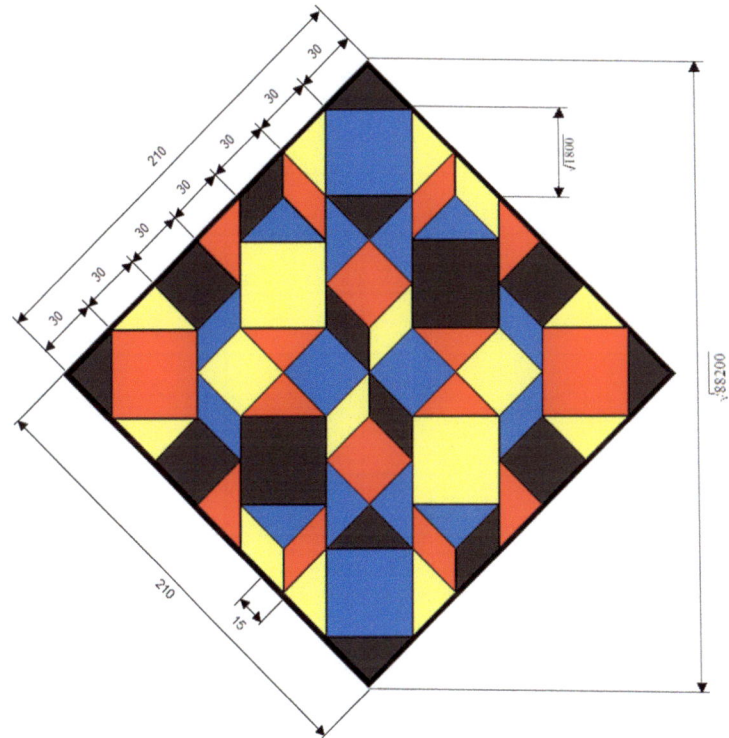

Die hier angegebenen Längen [15 mm, 30 mm, 210 mm sowie die Quadratwurzeln aus 1800 (rund 42,4 mm) und 88200 (rund 297 mm)] können natürlich ein wenig variiert werden, solange die Proportionen erhalten bleiben. Von einer deutlichen Reduzierung der Spielfläche möchte ich indes abraten, da hierbei einiges an Übersichtlichkeit verloren ginge.

Insgesamt gibt es also 64 Felder, welche sich wie folgt einteilen:

Form	schwarz	gelb	rot	blau	gesamt
☐	2	2	2	2	8
◇	4	2	2	2	10
◁	1	2	2	2	7
▽	2	2	2	2	8
△	2	2	2	2	8
▷	1	2	2	2	7
◣	2	2	2	2	8
◢	2	2	2	2	8
gesamt	16	16	16	16	64

Wer genau hinschaut, findet in der Geometrie des Brettes genau drei Abweichungen von der Norm, welche besagt, dass jedes Feld genau zwei Mal vorhanden sein soll. Entscheidender für den Spielverlauf ist jedoch der punktsymmetrische Charakter des Spielbretts, wie wir noch erfahren werden, wenn es darum geht, auf welche Art und Weise man selbst oder sein Gegenspieler gewinnt. Diese Punktsymmetrie liegt sowohl durch die vertikale wie horizontale Achsensymmetrie der blauen und roten Felder als auch durch die reine Punktsymmetrie der gelben und schwarzen Felder vor.

Pro Person benötigt man zudem noch acht Spielsteine, welche sich entsprechend der beiden Kontrahenten farblich in hell und dunkel bzw. weiß und schwarz unterscheiden. Sie haben allesamt den gleichen Wert und damit auch keine von einander differierenden Eigenschaften.

2. Die Aufstellung der Spielsteine

Zu Beginn einer Partie müssen die Steine nun noch auf dem Brett verteilt werden. Hierfür werden diejenigen dreieckigen Spielfelder genutzt, welche dem jeweiligen Weiß– bzw. Schwarzspieler am nächsten gelegen sind, selbst aber maximal einen Berührungspunkt aufweisen, also keine gemeinsame Seitenkante. Zudem befinden sich auf diese Art zu Anfang jeweils zwei Steine auf Feldern einer Farbe.

Eine solche Anordnung ermöglicht einerseits aufgrund der relativen Distanz der weißen und schwarzen Steine einen frühen Start in die verwickelte Phase des Spiels. Dennoch kann man je nach Belieben anstelle einer forcierten auch eine ruhige Spielweise wählen.

Doch wollen wir uns nun der Frage zuwenden, wie die einzelnen Spielzüge auszuführen sind, was dabei zu beachten ist und welche Einschränkungen es diesbezüglich zu bedenken gilt. Auf welche Art man letztlich bei diesem Spiel gewinnt, werden wir aber später auch noch erfahren.

3. Der Spielverlauf

Der Spieler mit den weißen Steinen hat den ersten Zug. Beide wechseln sich in der Folge jeweils ab und bewegen dabei jeweils einen eigenen Stein zu einem anderen Feld und schlagen dabei gegebenenfalls einen Stein ihres Kontrahenten, aber niemals einen eigenen.

Gezogen wird dabei stets entlang der Kanten eines benachbarten Feldes oder auf ein direkt benachbartes Feld mit wenigstens einem gemeinsamen Wesensmerkmal.

Das Spiel endet mit dem Gewinn eines Spielers, einem Unentschieden oder der vorzeitigen Aufgabe durch einen der beiden Kontrahenten.

4. Reguläre Spielzüge

Folgende Züge sind generell möglich (zum besseren Verständnis werden die einzelnen Felder ohne das komplette Spielbrett ausschnittweise dargestellt):

1. von einem Feld gleicher Farbe oder/und gleicher Form zu einem **direkt** angrenzenden Spielfeld,

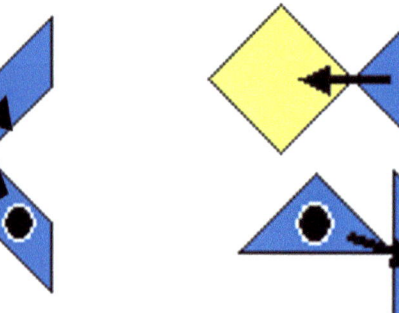

2. von einem Feld gleicher Farbe oder/und gleicher Form zu einem Feld, welches entlang **einer Kante** eines benachbarten Feldes erreicht werden kann.

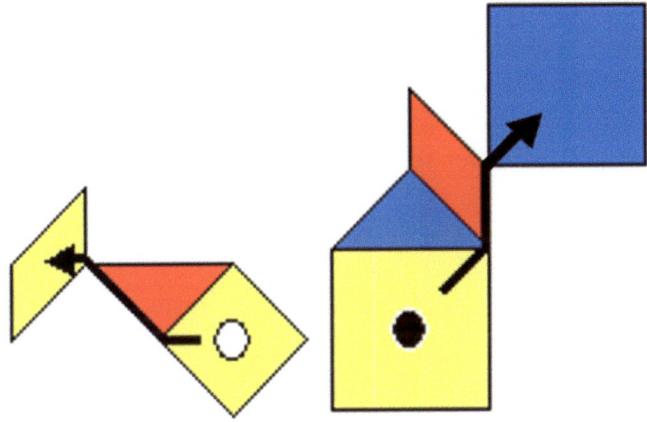

Hierzu betrachten wir äußere Begrenzung des Feldes, von dem aus wir beabsichtigen, unseren Stein zu ziehen. Führt man diesen vom Rand aus entlang einer Kante von maximal einem einzigen anderen Spielfeld zu einem Feld gleicher Farbe bzw. gleicher Form und bewegen wir uns strikt entlang dieser, so landen über die Außenbegrenzung des Zielfeldes schließlich genau darin.

Etwas spitzfindig könnte man soweit gehen, feststellen zu wollen, dass die zweite Regel die erste gewissermaßen mit einschließt, da man schlussendlich seinen Spielstein auch an der Kante eines benachbarten Feldes entlang führen kann, um ihn letztlich auf diesem zu platzieren. Wir wollen uns hier aber nicht in derartiger Haarspalterei verlieren.

Aufgrund der geometrischen Struktur unterscheiden sich die Felder auch hinsichtlich ihrer strategischen Bedeutung, es wird schnell klar, dass je nachdem, von welchem Feld man seinen Zug ausführt, die Zahl der Zielfelder stark variieren kann. So lassen einige Spielfelder jeweils nur zwei Spielzüge zu, während die beiden zentralen blauen Felder bis zu zehn mögliche Spielzüge offerieren. Daneben gibt es zahlreiche Felder mit drei, vier usw. Zugmöglichkeiten.

Einige davon wirken, obschon ersichtlich, etwas „versteckt", können somit „übersehen" werden. Auf dem folgenden Bild haben wir ein Beispiel für die möglichen Zielfelder eines zentralen gelegenen blauen, karoförmigen Feldes. Der Weißspieler hat die Wahl zwischen all jenen Feldern, die zum besseren Verständnis hier einmal grün eingefärbt worden sind.

Die Mächtigkeit eines Steines ist also gewissermaßen äquivalent zu seiner Position, seine „Wertigkeit" wird – wie bereits angedeutet – nicht an einer generellen Unterscheidung anhand bestimmter Merkmale, die direkt mit einer spezifischen Eigenschaft des Spielsteins selbst einhergehen, festgemacht.

5. Illegale Spielzüge

Auch wenn nun verständlich geworden ist, welche Möglichkeiten für die beiden Spieler bestehen, soll trotzdem noch darauf hingewiesen werden, welche vielleicht im Eifer des Gefechts angedachten Züge nicht mit den eben beschriebenen Regeln in Einklang gebracht werden können. Ausgeschlossen sind also dagegen alle Spielzüge bei denen

1. mehr als die Kantenlänge eines Feldes bestritten werden müsste,

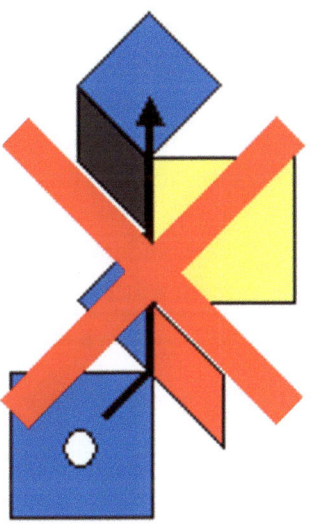

In obigem Beispiel würde ein weißer Stein zwar direkt auf einer Linie entlang zu einem anderen Feld gleicher Farbe gezogen, doch würde hierbei eine Distanz von zwei Feldern, sowohl links– als auch rechtsseitig von der Zuglinie zurückgelegt, somit ist dieser Zug nicht gestattet. Entscheidend ist somit, dass ein Stein nicht an den Kanten zweier Felder entlang gezogen wird, wobei es sich gleich bleibt, ob dies links–, rechts– oder beidseitig geschieht, sondern nur die Kante eines anderen Feldes passieren darf.

2. von einem Feld zu einem anderen zwar gleicher Form aber nicht gleicher Ausrichtung gezogen würde,

In diesem Beispiel soll der schwarze Stein von einem blauen nach oben rechts auf ein gelbes, ebenso dreieckiges Spielfeld bewegt werden. Doch sind sich beide Felder aufgrund der unterschiedlichen Ausrichtung und Farben vollkommen wesensfremd, ein Zug von dem einen zu dem anderen Feld ist somit nicht gestattet.

3. zwar entlang der Kanten eines anderen Feldes gezogen, aber hierbei keine gerade Linie eingehalten würde.

In diesem Falle wurde versucht, einen Spielstein „über Eck" zu ziehen, zwar entlang der Kanten eines anderen Feldes, allerdings inklusive einer Abbiegung, was indes wiederum nicht erlaubt ist, da hier zwei Kanten des zwischen den blauen Feldern liegenden Feldes bemüht werden.

6. Das Schlagen von Steinen

Neben dem schlichten Ziehen von Steinen von einem Feld zu einem anderen, gibt es aber noch eine weitere Möglichkeit, welche von vielen Brettspielen bekannt ist: das Schlagen.

Ein Spielstein des Kontrahenten wird geschlagen, wenn man durch seinen Spielzug ein Feld betritt, auf welchem sich ein Stein seines Gegners befindet. Der Stein des Mitspielers wird dann vom Brett entfernt. Der Stein wird dann vom Brett genommen und verbleibt bis zum Ende des Spiels außerhalb desselben.

Ein solcher Zug ist möglich, aber keinesfalls obligatorisch, also zwingend auszuführen. Demnach kann es durchaus vorteilhaft sein, sich einen eigenen Spielstein vom Gegner herausnehmen zu lassen, insofern dieser jene Gelegenheit überhaupt wahrnimmt. Sollte es indes keine andere Zugmöglichkeit geben, als die, seinem Gegner einen Stein zu schlagen, ist dieser Zug auch auszuführen. Ob eine solche Situation jedoch eintritt, entscheidet sich indes in jeder Partie von neuem.

Allerdings gilt es hierbei zu beachten, dass unter Umständen sogenannte „Schlagverbote" bestehen können, auf welche wir noch später eingehen werden.

Des Weiteren gilt, dass ein eigener Spielstein, wie bereits erwähnt, prinzipiell nicht geschlagen werden darf.

Außerdem gilt, dass das Schlagen eines Spielsteines grundsätzlich als ein Spielzug verstanden wird, nach welchem sofort der Kontrahent wieder an der Reihe ist, also keinerlei Sonderrechte für den Spieler bestehen, der das Material seines Gegners gerade dezimiert hat.

7. Gewinn und Verlust

Kommen wir nun also zu dem eigentlichen Ziel des Spieles und den damit verbundenen Strategien, welche Zwiespalt ausmachen.

Im Verlauf einer Partie sind beide Kontrahenten daran interessiert, nach einer Gewinnstellung zu suchen, welche sich tatsächlich nur aus der finalen Positionierung der eigenen Spielsteine ergibt. Die Lage der gegnerischen Steine ist hierbei völlig belanglos. Eine entsprechende Stellung wird genau dann erreicht, wenn ganz bestimmte Forderungen erfüllt sind, die indes je nach Anzahl der noch auf dem Brett befindlichen eigenen Steine variiert.

Im Falle einer geradzahligen Menge eigener Spielsteine (2, 4, 6 oder 8) sind diese punktsymmetrisch um das Zentrum des Spielbretts so anzuordnen, dass zwei Steine sich hierbei jeweils direkt diametral gegenüberstehen. Bei einer Drehung um 180° würde dann dieselbe Stellung, allerdings repräsentiert durch die exakt gegenüberliegenden Steine, vorliegen. Im unten dargestellten Beispiel gewinnt der Weißspieler mit vier punktsymmetrisch angeordneten Steinen.

Bei einer ungeradzahligen Menge eigener Steine (3, 5 oder 7) müssen die eigenen Steine nun hingegen auf Feldern gleicher Farbe oder gleicher Form (bei den parallelogrammförmigen und den Dreiecksfeldern auch gleicher Ausrichtung!) platziert werden. In den unten dargestellten Beispielen gewinnt einmal der Schwarzspieler mit fünf Steinen auf Feldern einer Farbe und einmal der Weißspieler mit fünf Steinen auf Spielfeldern einer Form und Ausrichtung.

8. Das Schlagverbot

Wir haben uns weiter oben schon mit dem Schlagrecht befasst, welches wahrgenommen oder ignoriert werden kann. Umso irritierender mag es erscheinen, dass es auch Momente in einer Partie geben kann, in welcher dieses Recht außer Kraft gesetzt ist. Doch gibt es hierfür eine einfache Erklärung.

Gewänne nämlich ein Spieler nach den gerade besprochenen Regeln genau dadurch, dass sein Gegner einen seiner Steine schlüge, ist selbiger Spielzug verboten und von seinem Kontrahenten stattdessen ein anderer zu wählen. Eine solche Situation ergibt sich, wenn beispielsweise alle weißen Steine auf gleichfarbigen Feldern platziert wurden, der Weißspieler aber eine geradzahlige Menge an Spielsteinen besitzt. Sobald der Gegner einen solchen schlagen würde, hätte der Weißspieler eine Gewinnposition erreicht. Er gewänne, ohne selbst aktiv seinen letzten Spielzug ausgeführt zu haben. Ein solches „Gewinnenlassen" kann im Eifer des Gefechts oder durch absichtliche Manipulation des Spielflusses geschehen und widerspricht dem strategisch angelegten Sinn des Spiels.

Hat sein Gegner nun aber keine Möglichkeit, eigene Züge auszuführen, so endet das Spiel, wie in Punkt neun noch erläutert werden wird, unentschieden. Ein solcher seltener Fall muss von beiden Kontrahenten einkalkuliert werden. Die folgende Darstellung zeigt ein solches Beispiel. Der Weißspieler am Zug darf keinen schwarzen Stein schlagen, da sein Mitspieler sonst mit seinen drei verbleibenden Steinen auf schwarzen Feldern gewänne. Er kann aber anstelle dessen keinen anderen Zug ausführen, da die Felder, auf welchen seine Steine Platz genommen haben, ihm nach den Regeln keinen anderen Spielzug erlauben. Besäße der Weißspieler nun aber noch einen dritten Stein, wäre er wiederum verpflichtet, diesen zu bewegen.

Würde er selbigen tatsächlich auf ein schwarzes Feld stellen können, hätte er damit sogar die Partie gewonnen. Wäre es ihm indes andererseits während des Spielverlaufs gelungen, seinem Kontrahenten einen weiteren Stein abzuluchsen, hätte dieser nun, im Besitz von drei Steinen, die Partie bereits gewonnen. Allein hieran ist schnell ersichtlich, dass eine rein materialistische Herangehensweise keinem der beiden Spieler nützt.

Hierbei muss noch auf einen anderen Umstand hingewiesen werden: Das Schlagen des allerletzten Steines seines Mitspielers ist ebenfalls nicht gestattet. Sobald ein Spieler nur noch einen Stein auf dem Brett besitzt, kann er natürlich nicht mehr gewinnen, wobei das Spiel nicht automatisch endet, da dieser Stein nicht mehr geschlagen werden darf. Der Spieler, welcher nur noch diesen Stein besitzt, kann nun selbstverständlich aufgeben oder versuchen eine Gewinnposition seines Gegners zu verhindern. Da einige Spielfelder, wie oben dargelegt, nur zwei Zugmöglichkeiten gestatten, kann es unter Umständen möglich sein, dass ein Spieler mit einem Stein von seinem Gegner, welcher noch zwei Steine besitzt, noch einen erobern kann.

9. Wertung als Unentschieden

Das Ziel des Spiels ist für beide Spieler zweifellos der eigene Gewinn. Dennoch ist eine Punkteteilung auch generell möglich. Folgende Variationen eines Unentschieden gibt es grundsätzlich:

Besitzen beide Spieler noch einen Stein, endet das Spiel unentschieden. Eine solche Situation ergibt sich, sobald ein Spieler nur noch zwei Steine besitzt und einer dieser von seinem Mitspieler eingefangen werden kann. Das untere Beispiel zeigt dies anschaulich. Egal, wohin der Weißspieler am Zug nun zieht, er wird im folgenden Spielzug seinen zweiten Spielstein verlieren und somit werden beide mit jeweils einem Stein auf dem Brett verbleiben. Den schwarzen Spielstein darf er ja nicht schlagen, also wird er seinen am linken Brettrand befindlichen Stein entlang der Begrenzung des quadratischen roten oder des parallelogrammförmigen blauen Feldes ziehen müssen, was aus Sicht des schwarzen Spielsteins indes keinen Unterschied macht, oder aber er zieht seinen Stein in der Mitte des Brettes, was aber auch zum Verlust eines der beiden Steine führt. Somit verbleiben also beide Spieler mit nur einem Stein.

Kann aber der am Zug befindliche Spieler aufgrund bestehender Schlagverbote nicht ziehen, endet das Spiel ebenfalls unentschieden. Im unteren Beispiel kann der Schwarzspieler am Zug seinen Spielzug nicht ausführen, da Weiß durch jeden möglichen Spielzug von Schwarz gewänne, weil ein solcher zwangsläufig mit dem Schlagen eines seiner Steine verbunden wäre, wodurch seine dann verbliebenen drei Spielsteine allesamt auf gelben Feldern stünden.

Ebenso darf durch eine gütliche Einigung zu jedem Zeitpunkt ab dem ersten Spielzug ein Unentschieden ausgehandelt werden. Eine solche Situation kann beispielsweise entstehen, wenn beide Spieler die gegnerischen Möglichkeiten nicht konkret genug einschätzen können und sie es vorziehen, das Risiko eines Verlustes zu vermeiden.

10. Gewinnstrategien

Wie wir gesehen haben, gibt es also zwei vollkommen unterschiedliche Wege, die zum Erfolg führen. Da man jedoch nicht selbst zwischen diesen wählen kann, sondern stets die Zahl der eigenen Spielsteine zu berücksichtigen hat, ist es ratsam, sich langfristig auf beide Möglichkeiten einzustellen. Man sollte somit auf beide Situationen vorbereitet sein. In diesem Zwiespalt – daher auch der Name des Spieles – befinden sich beide Kontrahenten von Beginn an.

Mit allen acht Steinen zu gewinnen, würde bedeuten, dass ein Spieler seinen Kontrahenten bereitwillig in sein eigenes Territorium hineinlassen und dort die entscheidenden Felder besetzen ließe. Dies wird aber kaum der Fall sein. Nach dem Schlagen eines einzigen Steines, hingegen verkehrt sich die Ausgangslage, kann indes durch ein abermaliges Schlagen unter Umständen entschärft werden.

Daneben darf man nicht außer Acht lassen, dass die Gewinnchancen mit einer verringerten Anzahl eigener Spielsteine gewissermaßen erst einmal steigen können, bis diese Entwicklung in dem entscheidenden Moment kippt, an welchem der vorletzte Stein verloren geht. Der aufmerksame Leser hat diesen Umstand aber wahrscheinlich längst erkannt.

So sollte an dieser Stelle aber auch nur kurz auf diese Dinge hingewiesen worden sein, da wir uns nun auf den folgenden Seiten mit dem zweiten Spiel befassen wollen.

Wer sich also von der Idee hinter Zwiespalt angesprochen fühlt, mag sich ein solches Spielbrett anhand der angegebenen Maße erstellen und vielleicht, mit anderen zusammen, seinen Spaß daran entdecken.

II. Die Diebesjagd in der Vorstadt

Die meisten spielebegeisterten Menschen haben zumindest davon gehört, manche sind davon elektrisiert, andere lässt es kalt, in jedem Falle geistert die Werwolfjagd unbestreitbar seit Jahren erfolgreich durch die Wohnzimmer der Republik.

Was jedoch an diesem Spiel selbst von einigen Anhängern bemängelt und als ein großes Manko empfunden wird, ist das frühe Ausscheiden einiger Mitspieler, welche sich zwischen den einzelnen Runden in einer Zuschauerrolle wiederfinden. Läuft es für den einen oder anderen Mitspieler gar sehr schlecht, kann sich diese Situation einen ganzen Abend wiederholen.

Um hier Abhilfe zu schaffen, wurden diverse Erweiterungen und Veränderungen ersonnen. Hier möchte ich nun ein etwas abgewandeltes Spiel vorstellen, bei welchem es sich nicht mehr um behaarte Fabelwesen dreht, keine übernatürlichen Fähigkeiten erprobt werden, aber vor allem aber fast niemand zu früh aus dem Kreis der Beteiligten ausscheiden muss.

Das Prinzip der Diebesjagd beruht ebenso auf dem nächtlichen Agieren, gegenseitigen Beobachten, Diskutieren und dem Einschätzen seiner Mitspieler. Betrachten wir zunächst, was beide Spiele gemeinsam haben. In beiden Fällen unterscheidet man zwischen den Aktionen bei Nacht und bei Tag. In der Spielphase der Nacht haben sämtliche Mitspieler ihre Augen verschlossen und werden einzeln aufgerufen, um jeweils aktiv zu werden. In beiden Fällen gibt es zwei Parteien, eine gute und eine böse, wobei die Guten die Bösen zu fangen haben. Dies geschieht im Wesentlichen tagsüber. Die Spielphase Tag schließt sich unmittelbar an die der Nacht an. Es erfolgt eine Beratung über einen zu bestrafenden Unheilstifter und die zweite Runde beginnt.

Dies sind die Grundzüge, welche beide Spiele verbindet. Bei der Diebesjagd haben wir es jedoch mit einem etwas anderen Verlauf zu tun. Bei der Werwolfjagd sind es die bösen Fabelwesen, die dann jeweils einem ihrer Mitspieler auflauern, um ihn zu töten. Dies kann auf diverse Weise verhindert werden, so gibt es bestimmte Charaktere, die ebenso des Nächtens agieren können und hierdurch den Verlauf des Spieles beeinflussen können. Tagsüber befinden alle Teilnehmer darüber, wer als potenziell schuldiger, verdächtiger, mutmaßlicher Werwolf gelyncht werden soll und auch wird.

Die Diebesjagd verläuft nun in etwas anderer Art. Das Böse tritt hier zunächst nur in Form eines einzelnen Diebes auf, der des Nachts seine Mitspieler bestiehlt. Es scheiden also keinesfalls in jeder Runde etwa zwei Personen aus, einer gefressen, der andere gemeuchelt, vielmehr verbleiben in vielen Fällen sogar alle Mitspieler bis zum Ende des Spiels im Kreis der Teilnehmer. Der Verdächtige, welcher auch hier am Tag ermittelt wird, verbleibt tatsächlich nur eine Nacht in Untersuchungshaft und muss am kommenden Tag aus Mangel an Beweisen oftmals wieder entlassen werden.

Die verschiedenen Charaktere bringen die Mitspieler indes immer wieder auf falsche Fährten, da sie eigene Interessen verfolgen mögen, die allerdings je nach der Lage der Dinge sich auch ändern können. Diese unvermittelten Seitenwechsel können wiederum als Indizien für deren Identität herangezogen werden.

Bevor wir uns nun den genauen Ablauf der Diebesjagd anschauen, wollen wir uns die einzelnen Charaktere vornehmen, die sich von denen des Werwolfspiels deutlich unterscheiden. Schließlich befinden wir uns nicht in einem mittelalterlichen Dorf, welches von märchenhaften Wesen bevölkert ist, sondern in einer Vorstadt und zudem im 21. Jahrhundert. Die Menschen gehen regulären Berufen nach, sie haben keine übernatürlichen Fähigkeiten, aber sie haben teilweise ganz eigennützige Vorstellungen davon, wie sie aus dem Beutezug in ihrem Viertel einen Vorteil ziehen können. Manche von ihnen sind indes wirklich brave Bürger, doch wer will dies zu Anfang beurteilen können?

Als Akteure haben wir neben dem Dieb, den Kommissar, den verdeckten Ermittler, des Weiteren eine alte Frau mit Hund, einen Autohausbesitzer, einen Banker, eine Politikerin, einen Gemüsehändler, einen Verschwörungstheoretiker, einen Kneipenwirt, einen Tierheimbesitzer und einen ehemaligen Gefängnisinsassen, der unter bestimmten Umständen wieder rückfällig wird.

Falls man die Diebesjagd in einer größeren Runde spielen möchte, sind in Kapitel 10 noch weitere Figuren beschrieben. Hierdurch kann man die Zusammenstellung auch etwas variieren lassen. Zudem ist es ratsam, zu Beginn nicht unbedingt zu verraten, welche Figuren sich im Spiel befinden.

Nach dieser Beschreibung könnte der ein oder andere ob der Spielbarkeit in Zweifel geraten, da ja ein Teilnehmer, der seinen Charakter offen nennt, nicht über Nacht ermordet werden kann. Nun, so einfach ist es nicht. Denn, wie wir später noch genau erfahren werden, kann der Dieb dafür Sorge tragen, dass einige Charaktere zwischen den Nächten vom braven Bürger zum Komplizen werden. So gibt es zwar stets nur einen Dieb und nur einen Ex-Knacki, doch die mögliche Anzahl ihrer Unterstützer gerät schon nach der ersten Nacht ins Schwanken. Aber langer Rede kurzer Sinn, kommen wir also nun zu den Akteuren.

1. Die Charaktere

Der Kommissar (1)

Der ermittelte Kommissar hat es nicht leicht. Alle seine Mitspieler kennen ihn, wissen, wer er ist, haben aber unterschiedliche Eigeninteressen. Bei ihm selbst kann der Dieb nicht einbrechen. Er trägt eine Dienstwaffe, von der er einmal Gebrauch machen darf, einerseits um den Dieb „in flagranti" zu erschießen, also in der Nacht. Dies muss er dann mit geschlossenen Augen tun, während der Spielleiter den Dieb zur Tat hat scheiten lassen. Andererseits kann er auch in Notwehr schießen, wenn er von einem anderen Mitspieler durch eine weitere im Spiel befindliche Schusswaffe attackiert wird, wobei es ihm freigestellt ist, diesen oder einen anderen Mitspieler zu eliminieren.

Der verdeckte Ermittler (2)

Der Kompagnon des Kommissars ist ein wenig schusselig. Er arbeitet im Untergrund, hat aber eigentlich wenig Ahnung von seinem Job. Bricht der Dieb (oder später der Ex–Knacki) bei ihm ein, so entwendet er dessen Dienstwaffe, die dem verdeckten Ermittler am kommenden Tag erstattet wird. Selbige kann der Dieb entsprechend verscherbeln oder behalten, je nachdem, wie er es zuvor angezeigt hat. Der Käufer wechselt nicht auf die Seite des Diebes, sondern freut sich über die Möglichkeit, sich jetzt besser verteidigen zu können. Seine frisch erstandene Schusswaffe verbleibt in jedem Falle bei ihm, er passt gut darauf auf. Sie wird weder ein weiteres Mal geraubt, noch von der Polizei bei einer Verhaftung beschlagnahmt. Letzteres gilt auch für den Dieb und den Ex–Knacki.

Da der verdeckte Polizist sich selbst für unheimlich clever hält, meint er, keine Alarmanlage kaufen zu müssen, nachdem der Dieb sich einmal bei ihm „umgesehen" hat. Daher darf dieser nach einem einzigen anderenorts verübten Einbruch auch schon wieder bei dem verdeckten Ermittler „vorbeischauen". Weil er aber schon lange verdeckt arbeitet, ist seine Tätigkeit nicht einmal seiner Dienststelle bekannt. Die beiden Polizisten wissen also nichts voneinander.

In jeder Nacht darf der verdeckte Ermittler einen Mitspieler (nicht sich selbst) observieren. Allerdings kann er den Einbruch bei diesem nicht verhindern. Aber er bekommt etwas davon mit und darf nun in der Nacht von seiner Dienstwaffe Gebrauch machen. Trifft er den stehlenden Täter, erhält er einen Bonuspunkt und das Spiel ist gegebenenfalls (man denke an den Komplizen!) schon vorbei.

Erwischt er dessen Kompagnon, wird eine Dienstaufsichtsbehörde eingesetzt, die ihn aber freispricht, weil er ja einen Ganoven erledigt hat. Dann geht das Spiel in jedem Fall weiter.

Der erschossene Mitspieler muss von nun an zuschauen, ein fehlzielender verdeckter Ermittler allerdings auch. Denn wenn er weder den Dieb noch den Ex–Knacki erwischt hat, sind die Tage des verdeckten Polizisten in Freiheit gezählt.

Wird der verdeckte Ermittler beraubt, erfolgt vom Spielleiter am nächsten Tag folgende Ansage:

Es fand diese Nacht ein gemeldeter Diebstahl statt.

Der Tierheimbesitzer (3)

Er ist Betreiber des örtlichen Tierheims. Bricht der Dieb (oder im weiteren Verlauf des Spiels der Ex-Knacki) bei ihm des Nächtens ein, so entwendet er einen kleinen Hund, den er weiter verkauft. Dieser muss noch nicht Gassi gehen, sondern erst eine Runde später. Der Käufer des Hundes wechselt nicht auf die Seite des Diebes, weil er ja gutgläubig gar nicht weiß, dass der Hund aus dem Tierheim entwendet wurde. Das neu erworbene Haustier wird, da es letztlich bereits einmal gestohlen wurde, nicht ein weiteres Mal geraubt und auch nicht bei einer Verhaftung von der Polizei konfisziert.

Einmal im Spiel lässt der Tierheimbesitzer das Eingangsgatter offen stehen. Ein paar seiner großen Schäferhunde ziehen nachts durch die Straßen. Der Dieb (bzw. sein Komplize) entscheidet sich, erst gar nicht loszuziehen. In diesem Fall wird der Dieb nicht aufgerufen.

Wird der Tierheimbesitzer beraubt, erfolgt vom Spielleiter am nächsten Tag folgende Ansage:

Es fand diese Nacht ein gemeldeter Diebstahl statt.

Die alte Frau mit Hund (4)

Sie geht mit ihrem Hund nachts durch die Straßen und bekommt drei nebeneinander sitzende Mitspieler gezeigt, von denen sie weiß, dass bei einem von ihnen der Dieb eingebrochen ist.

Die „alte Frau mit Hund" sieht also in der Nacht, dass irgendwo eingebrochen wurde. Allerdings sind ihre Augen nicht mehr die besten, somit erkennt sie nur noch Umrisse in der Dunkelheit und kann drei

Mitspieler ausmachen, in deren Nähe wohl etwas Ungewöhnliches geschehen ist.

Hierfür würfelt der Spielleiter zuvor eine Zahl. Ein bzw. zwei Augen auf dem Würfel weisen auf den Bestohlenen und die beiden links von ihm sitzenden Personen, drei bzw. vier Augen auf ihn und die beiden direkt links und rechts neben ihm sitzenden Nachbarn, fünf und sechs Augen ihn und auf die beiden rechts neben ihm. Unter diesen Dreien kann natürlich entsprechend dessen Strategie und aufgrund des Fallens der Würfel auch der Stehlende selbst sein.

Sollte es der Langfinger auf ihren Hund abgesehen gehabt haben, wird ihr in der kommenden Nacht gleich zu Beginn der Tierheimbesitzer angezeigt, von dem sie einen neuen Hund erhält. Da dieser aber selbst nicht vor Ort ist, erfährt er selbst nicht, wer die alte Frau ist, sondern nur seine Angestellte, die leider nicht am Spiel teilnimmt.

Mit dem neuen Hund geht sie noch in derselben Nacht sofort wieder auf Streife. Erhält sie während des Spieles einen zweiten Hund, ändert sich nichts, da sie beide Tiere gleichzeitig ausführt.

Wird die alte Frau ihres Hundes beraubt, erfolgt vom Spielleiter am nächsten Tag folgende Ansage:

Es fand diese Nacht ein gemeldeter Diebstahl statt.

Der Autohausinhaber und der Banker (5 und 6)

In unlautere Geschäfte verwickelt, besitzt der Autohändler Unterlagen über seine Aktivitäten, von denen es keineswegs vorteilhaft für ihn wäre, sollten sie in Besitz des Bankers gelangen. Dieser würde ihn doch tatsächlich damit erpressen können, hat er ihm doch einen heftigen Kredit gegeben, auf den er nun sogar noch höhere Zinsen veranschlagen würde.

Wird bei ihm eingebrochen, so werden diese Papiere entwendet und an den Banker verkauft, der dann aber auf der Seite des Diebes agiert. Der Banker hat nun erst einmal kein Interesse mehr daran, dass der Stehlende gefasst wird. Hat er eine Ahnung, um wen es sich handeln könnte, wird er sich selbst verdächtig verhalten oder einen anderen Mitspieler in den Ruch bringen wollen, der Bösewicht zu sein. Wird er nun verhaftet und das neu erworbene Diebesgut von der Polizei beschlagnahmt, so spielt er wieder auf der Seite der braven Bürger.

Der Autohausinhaber selbst ist wiederum an dem Luxuswagen des Bankers interessiert, den er sofort aufkauft, wenn der Dieb sich bei diesem „umsieht". In diesem Falle würde der Autohändler nun auf dessen Seite stehen und gegebenenfalls beschützen.

Der Banker hat außerdem die Möglichkeit, einen seiner Mitspieler in die Privatinsolvenz zu treiben. Bei diesem ist dann auch keine große Beute mehr zu machen, da er seine wertvollen Besitztümer verscherbeln musste. Der Dieb oder der Ex–Knacki findet also bei ihm noch ein paar Euro und behält das Geld, wie er auch beim Gemüsehändler verfährt. Dann wird am nächsten Morgen schlicht ein Raub gemeldet.

Der von der Insolvenz betroffene Mitspieler darf nun allerdings keine weiteren Aktionen bis zum Ende des Spiels ausführen. Für Langfinger gilt diese Einschränkung nicht.

Die Politikerin kann nicht in die Privatinsolvenz getrieben werden.

Wird der Autohausbesitzer beraubt, erfolgt vom Spielleiter am nächsten Tag folgende Ansage:

Diese Nacht wurde der Diebstahl von Geschäftsunterlagen gemeldet.

Wird hingegen der Banker bestohlen, erklärt der Spielleiter am nächsten Morgen:

Diese Nacht wurde ein teurer Luxuswagen entwendet.

Der Gemüsehändler (7)

Der Inhaber eines Lebensmittelladens ist ein anständiger Zeitgenosse, der nur sein Obst und Gemüse unter die Leute bringen möchte. Der Dieb stiehlt bei ihm die Kasse und behält das Geld.

Im Gegenzug darf der Gemüsehändler aber einmal im Spiel, nachdem er bestohlen wurde, eine Bananenschale auslegen, auf welcher der Dieb (oder Ex-Knacki) nach seinem Beutezug ausrutscht. In diesem Falle entscheidet der Gemüsehändler, bei wem das Diebesgut landet.

Sollte dies der stehlende Langfinger selbst sein, so verkauft er seine Beute entsprechend an einen Teilnehmer. Jeder andere Mitspieler gibt das entsprechende Diebesgut jedoch bei der Polizei ab. Der Eigentümer erhält es zurück, der Diebstahl wird jedoch am Morgen angesagt. Der in dieser Nacht Bestohlene kann mit einnächtiger Unterbrechung wieder ausgeraubt werden. Als Käufer wird dieser somit noch in derselben Nacht vom Spielleiter doppelt angetippt.

Wird der Gemüsehändler beraubt, erfolgt vom Spielleiter am nächsten Tag folgende Ansage:

Es fand diese Nacht ein gemeldeter Diebstahl statt.

Die Politikerin und der Verschwörungstheoretiker (8 und 9)

Gegen die Politikerin würde der Verschwörungstheoretiker gern diverses „belastendes Material" erhalten, welches der Dieb in der Nacht erbeutet, sofern er dem Volksvertreter einen „Besuch" abstattet. In diesem Moment wechselt die Politikerin die Seiten und spielt zusammen mit dem Dieb bzw. dem Ex–Knacki.

Ungekehrt hat die Politikerin ein Interesse daran, an den Computer des Verschwörungstheoretikers zu gelangen. Bricht der Dieb bei letzterem ein, so kauft sich die Politikerin dessen Rechner und spielt nun aber auch auf der Seite des Diebes. Sowohl der Erwerb der heißen Ware als auch der Verlust ihrer geheimen Akten veranlassen die Politikerin also für den Dieb einzustehen. Sie muss dessen Verhaftung somit in beiden Fällen verhindern. Ist sie im Besitz des Computers ihres Kontrahenten und dieser wiederum im Besitz der Akten der Politikerin, muss letztere erst Recht auf der Hut sein.

Andersherum kann der Verschwörungstheoretiker seine Information nur mit Hilfe seines Computers weitergeben. Erhält er das „belastete Material" erfährt er in der kommenden Nacht, sofern er im Besitz seines Computers ist, wer die Politikerin ist und kann dies an einen Mitspieler weitergeben. Allerdings hat er keinen Einfluss darauf, wer seine Veröffentlichungen liest. Er zeigt zwar des Nachts auf eine Person in der Runde, aber der Spielleiter hat nun die Aufgabe zweimal zu würfeln. Beim ersten Mal entscheiden die Augenzahlen darüber, ob nun entgegen der Uhrzeigerrichtung (im Falle von eins, zwei und drei

Augen) oder mit der Uhrzeigerrichtung (im Falle von vier, fünf und sechs Augen) vom entsprechenden Spieler aus gezählt wird.

Der zweite Wurf ergibt die Zahl der Mitspieler, die nun abgezählt werden müssen, wobei der Angezeigte selbst den Augenwert Eins erhält. Der Spielleiter informiert dann den zufällig Ermittelten darüber, wer die Politikerin ist, indem er ihn dreimal hintereinander antippt (aufweckt) und dies mit einer vorher vereinbarten Geste anzeigt. Im ungünstigen Fall informiert sich der Verschwörungstheoretiker letztlich aber wiederum nur selbst.

Der Verschwörungstheoretiker steht allerdings fast nie (siehe hierzu „10. Weitere Charaktere") auf der Seite des Diebes, egal ob bei ihm gestohlen wurde oder er sich die gewünschten Papiere besorgen konnte. Eine Ausnahme besteht nur dann, wenn er zum Erwerb eines anderen Diebesguts genötigt wurde, welches auch ihn zwingt, auf der Seite des Diebes zu agieren.

Die Politikerin wiederum ist zudem einmal pro Spiel in der Lage, eine Amnestie auszusprechen, nach welcher der nach der Beratung verhaftete Mitspieler sofort wieder zu entlassen ist.

Wird die Politikerin beraubt, erfolgt vom Spielleiter am nächsten Tag folgende Ansage:

Eine sehr bedeutende Person beklagt seit dieser Nacht den Verlust persönlicher Daten.

Wird der Verschwörungstheoretiker beraubt, erfolgt vom Spielleiter am nächsten Tag folgende Ansage:

In dieser Nacht wurde der Diebstahl eines Computers gemeldet.

Der Kneipier (10)

Der Inhaber des Wirtshauses hat einen großen Vorrat an alkoholischen Getränken in seinem Hinterzimmer. Der Dieb stiehlt diesen und beschließt, sich in der kommenden Nacht gehörig zu betrinken. Daher findet in der darauf folgenden Nacht kein Raubzug statt. Wer auch immer hiernach verhaftet wurde, mag so nun etwas länger unter Verdacht stehen.

Andererseits bestimmt der Kneipier ab der zweiten Nacht einen Mitspieler, der sich abends noch in sein Lokal verirrt und ihm nach einigen Gläsern mitteilt, ob er gerade auf Seiten des Diebes spielt oder nicht. Der Wirt erfährt dabei indes nicht, ob der Betreffende nur ein temporärer Besitzer von Diebesgut ist, die bestohlene Politikerin, der wieder auf die schiefe Bahn geratene Ex–Knacki oder gar der Dieb selbst.

Verhaftete oder erschossene Mitspieler besuchen keine Kneipe. Gleiches gilt für den Kommissar. Ein eventueller Einbruch bei dem von ihm ausgesuchten Mitspieler findet hinterher statt, was dessen Status bis zum nächsten Morgen allerdings ändern könnte.

Wird bei dem Kneipier eingebrochen, erfolgt vom Spielleiter am nächsten Tag folgende Ansage:

Es fand diese Nacht ein gemeldeter Diebstahl statt.

Der Ex–Knacki (11)

Nach seiner längst abgesessenen Strafe versucht der ehemalige Insasse einer namhaften Haftanstalt ein geregeltes Leben zu führen. Sobald der Dieb bei ihm einsteigt, wird aber seine Abenteuerlust wieder beflügelt. Er überredet den Dieb, von nun an abwechselnd bei den Mitspielern auf Beutezug zu gehen. In der darauf folgenden Nacht versucht er sein Glück damit zum ersten Mal wieder seit vielen, vielen Jahren. Zusammen mit dem Dieb gewinnt er nur, wenn alle Mitspieler außer dem Kommissar bestohlen wurden. Außerdem besitzt der Ex–Knacki noch eine alte Schusswaffe, die er aber nur benutzt, wenn einer der Mitspieler auf ihn feuert.

Außerdem gilt: Wird der Dieb gefasst, spielt der Ex–Knacki allein weiter. Bei seinem neuen Kompagnon darf er selbst (Ganovenehre) nicht einsteigen. Zudem ist zu beachten, dass der Ex–Knacki als „braver" Bürger zählt, solange ihn der Dieb nicht aufgesucht hat. Bleibt er dem gesetzestreuen Leben treu, gewinnt er natürlich auf der Seite der Bürger.

Steigt der Dieb bei dem Ex–Knacki ein, erfolgt vom Spielleiter am nächsten Tag folgende Ansage:

Diese Nacht wurde kein Diebstahl gemeldet.

Der Dieb (12)

Der Bösewicht des Spiels ist nicht der Einzige, der hier etwas zu verbergen hat, wie wir mitbekommen haben. Sein Ziel ist es, am Ende mindestens die Hälfte seiner Mitspieler bestohlen und das Diebesgut weiterverkauft zu haben, ohne dabei selbst erkannt zu werden.

Er bestimmt in der Nacht einen Mitspieler, bei dem er einsteigt und einen weiteren, der seine Beute erhalten soll, falls es keinen vorgemerkten Abnehmer der heißen Ware gibt. Im letzteren Fall geht das gestohlene Gut immer an denjenigen, der daran vorrangig interessiert ist, so dieser Charakter am Spiel teilnimmt. Er zeigt dabei zuerst auf den zu Bestehlenden und dann auf denjenigen, den er als Käufer im Visier hat.

Wählt der Dieb dabei aber gerade den verdeckten Ermittler als Käufer und existiert kein Interessent mit Vorzug, so erhält nicht etwa der Schlapphut die Beute, schon aufgrund seiner Eigenschaft als Gesetzeshüter, sondern derjenige „anständige" Bürger, der zuletzt verhaftet wurde. Geschieht dies bereits in der ersten Runde, so wird das Diebesgut einem beliebigen Mitspieler zugelost.

Auf der Seite des Diebes spielen alle Käufer heißer Ware mit den Ausnahme des Verschwörungstheoretikers, sofern er das „belastende Material" der Politikerin erhält, und Abnehmern von Hunden und Pistolen. Die Hunde werden in guten Glauben erworben und die Schusswaffen so gut versteckt, dass die Polizei sie bei einer Verhaftung nicht findet.

Der Dieb zieht also zwischen den Runden einige der Mitspieler auf seine Seite, verliert sie aber stets wieder, wenn sie selbst in Verdacht und damit in Untersuchungshaft geraten. Ihm hilft es dabei, wenn sich die Käufer seiner Beute teilweise selbst verdächtig machen, um kurzzeitig in Haft genommen zu werden. Schließlich haben einige von diesen gar kein Interesse daran, dass der Dieb gefasst wird, zumindest solange sie im Besitz der heißen Ware sind. Da sie allerdings stets glaubhaft versichern können, nicht zu wissen, wie sie in dessen Besitz gelangt waren, werden sie von der Polizei nicht weiter belangt, müssen diese indes an den rechtmäßigen Eigentümer zurückgeben, um danach wieder auf der Seite der rechtschaffenden Bürger zu agieren.

Da der Dieb natürlich stets weiß, wen er bestohlen hat, wird ihm bald immer klarer, wer mit wem in der Runde zusammenarbeitet und wer welche Interessen haben könnte. Dies sollte er in seiner Eigenschaft als gewiefter Langfinger auszunutzen wissen.

2. Der Ablauf des Spiels

In der ersten Nacht müssen zunächst nun vom Spielleiter alle Charaktere außer dem der Allgemeinheit bekannten Kommissar, dem verdeckten Ermittler und dem Dieb, letztere ja bald auf den Plan gerufen werden, separat notiert werden, um sämtliche folgenden Interaktionen ausführen lassen zu können. Dabei ist es auch notwendig, auf dem hierzu verwendeten Zettel hinter den Namen mit den entsprechenden Rollen noch etwas Platz zu lassen, um dort notieren zu können, ob derjenige vielleicht gerade bestohlen, verhaftet oder im Besitz von Diebesgut ist.

Zunächst werden hierin nur die Namen der Mitspieler und deren jeweilige Rolle notiert. Später kommen dann die entsprechenden Status dazu, ob sie bestohlen worden sind, von wem usw. Eine solche Tabelle könnte in etwa wie folgt aussehen:

Name	Charakter	bestohlen vom	besitzt Diebesgut	Waffe	Hund
Anja	Autohausbesitzer	Ex-Knacki	Auto		
Berndt	Ex-Knacki	vom Dieb besucht		ja	
Carsten	verdeckter Ermittler	Dieb		ja	
...	...	...	...	...	...

Vielleicht bietet es sich auch an, zunächst eine Proberunde anzusetzen, um sich mit den vielen neuartigen Charakteren vertraut zu machen. Werden bestimmte Rollen weggelassen, so empfiehlt es sich, im Vorfeld auf deren Eigenschaften samt Bedeutung für das Spiel einen Blick zu werfen. So dürften die alte Frau mit ihrem Hund, der Kneipier und die antagonistischen Figuren durchaus auch in kleinerer Runde ihre Berechtigung haben, während der Tierheimbesitzer und der Gemüsehändler eventuell entbehrlich sein mögen.

Ihre Einmalaktionen aufzurufen oder nicht, diese Entscheidung obliegt dann dem Spielleiter, der sich über die Zusammenstellung des Kreises ja schon zuvor Gedanken machen musste.

Kommen wir aber nun zum eigentlichen Verlauf des Spiels. Ähnlich wie bei der Werwolfjagd müssen bestimmte Reihenfolgen eingehalten werden. Manche können zwar problemlos nachgeholt werden, so sie einmal vergessen wurden, andere hingegen nicht. Um sicherzugehen, sollte der Spielleiter sich die folgende Aufstellung einprägen, in welcher die Aktionen bei Nacht und Tag einzeln und gegliedert aufgelistet sind.

Dabei gilt es zu beachten:

Die rot markierten Aktionen finden insgesamt höchstens einmal pro Spiel statt und sind ab der zweiten Nacht möglich. Letzteres gilt auch für die grün markierten Aktivitäten, welche allerdings häufiger bis regelmäßig stattfinden können.

Die beige Markierung verweist auf Handlungen, die in jeder Nacht zu beachten sind. Alles, was während des Tages passiert, ist gelb markiert.

Die Zusatzcharaktere (siehe 10. Kapitel) sind hier noch nicht enthalten, können aber nach einiger Routine ohne Weiteres eingefügt werden. Dies kann dann mit einigem Geschick des Spielleiters sogar zu unterschiedlichen Zeitpunkten erfolgen.

Nacht				
nur in der ersten Nacht				
Alle Mitspieler außer dem Kommissar, dem Dieb und dem verdeckten Ermittler	wachen einzeln nacheinander auf	werden jeweils vom Spielleiter notiert		schlafen jeweils, nach der Feststellung ihrer Rolle wieder ein
vier Einmalaktionen (nicht in der ersten Nacht)				
Politikerin	wacht auf	entscheidet, ob der Verhaftete amnestiert werden soll, was vom Spielleiter angesagt wird		schläft wieder ein
Banker	wacht auf	entscheidet sich für einen Mitspieler, der in die Insolvenz getrieben werden soll		schläft wieder ein
„Insolventer"	-	wird vom Spielleiter angetippt		-
falls der Dieb (oder Ex–Knacki) den Tierheimbesitzer ausgeraubt haben sollte:				
Tierheimbesitzer	wacht auf	entscheidet, ob er die Hunde rauslassen möchte		schläft wieder ein
falls der Dieb (oder Ex–Knacki) beim Gemüsehändler "vorbeigeschaut" haben sollte:				
Gemüsehändler	wacht auf	entscheidet, wo er die Bananenschale auslegen möchte		schläft wieder ein
ab der zweiten Nacht				
falls jemand sein von der Polizei vom Verhafteten konfisziertes Eigentum zurückerhält:				
ehemals Bestohlener	-	wird angetippt		-
falls die alte Frau ihren Hund vom Tierheimbesitzer zurückerhält:				
alte Frau	-	wird angetippt, wacht dabei auf und bekommt den Tierheimbesitzer angezeigt		schläft wieder ein
Kneipier	wacht auf	zeigt auf einen Wirtshausgast	Der Spielleiter deutet mit der Hand nach oben, wenn der dieser eine reine Weste hat, sonst nach unten.	schläft wieder ein
in jeder Nacht				
verdeckter Ermittler	wacht auf	bestimmt einen Mitspieler, auf dessen Eigenheim er in dieser Nacht ein Auge wirft		schläft wieder ein
falls der Dieb schon zuvor beim Ex–Knacki eingebrochen hatte:				
Der Spielleiter verfährt wie unten, niemand außer Dieb und Ex–Knacki wissen von ihrem alternierenden Rollentausch. **Er ruft immer den Dieb auf.**				
Ex–Knacki / Dieb (jeweils im Wechsel)	wacht auf	zeigt an, wo er zuschlagen möchte	zeigt an, wer ggfs. die Ware erhalten soll	schläft wieder ein
falls der Dieb noch nicht beim Ex–Knacki eingebrochen hatte:				
Dieb	wacht auf	zeigt an, bei wem er zuschlagen möchte	zeigt an, wer ggfs. die Ware erhalten soll Sollte dies der Ex–Knacki sein, tippt der Spielleiter diesen an, welcher kurz aufwacht	schläft wieder ein

falls der Dieb den observierten Mitspieler erwischt haben sollte:				
verdeckter Ermittler	-	wird, angetippt, wacht dabei auf und darf einen Verdächtigen erschießen, wenn er mag; Konsequenzen: siehe "Schießerei"		schläft wieder ein
falls sich der Kommissar sicher ist, wer der gerade aktive Langfinger ist:				
Kommissar	-	hält die Augen geschlossen, zielt auf denjenigen, den er für den Stehlenden hält und erschießt ihn; Konsequenzen: siehe "Schießerei"		-
Bestohlener	-	wird angetippt		-
"Käufer"	-	wird doppelt angetippt		-
falls ihr nicht soeben (nur einmal je Langfinger möglich) ihr Haustier gestohlen wurde:				
alte Frau mit Hund	wacht auf	Der Spielleiter würfelt aus, wer ihr außer dem Bestohlenen noch angezeigt wird und deutet schließlich auf diese drei Personen.		schläft wieder ein
falls ein zweiter Hundebesitzer ins Spiel kommt:				
Hundebesitzer	wacht auf	Der Spielleiter würfelt aus, wer ihr außer dem Bestohlenen noch angezeigt wird und deutet schließlich auf diese drei Personen.		schläft wieder ein
falls die Akten der Politikerin an den Verschwörungstheoretiker gegangen sind und dieser seinen Rechner noch besitzt:				
Verschwörungs-theoretiker	wacht auf	1. Nacht:	erfährt, wer die Politikerin ist	schläft wieder ein
		darauffolgende Nächte:	deutet auf einen Mitspieler, wobei der Spielleiter den zu Informierenden letztlich auswürfelt	
Ausgewürfelter		Er wird angetippt, wacht dabei auf, und der Spielleiter zeigt auf die Politikerin.		schläft wieder ein

Tag

alle Mitspieler	wachen auf		-
Spielleiter		sagt an, ob und gegebenenfalls was gestohlen wurde	
Kommissar		entscheidet, ob der Inhaftierte wieder freigelassen werden muss (ab der zweiten Nacht)	
alle Mitspieler		diskutieren, wer der Dieb sein könnte	
Kommissar		bestimmt einen Verdächtigen, der in der nachtsüber verhaftet ist und nichts tun kann	
alle Mitspieler	-		schlafen wieder ein

51

3. Die Vorgehensweise am Beispiel von vier Akteuren

3.1 Die Handlungen des Diebes und des Ex-Knackis

Wird in der Nacht der Dieb (oder später eventuell sein Komplize, der Ex-Knacki) aufgerufen, entscheidet er sich dafür, bei einem seiner Mitspieler zu stehlen. Er hat bereits eine Idee davon, wem er das Diebesgut zukommen lassen möchte und zeigt direkt danach auf jene Person, der er die Ware verkaufen möchte.

Erwischt er den Ex-Knacki, ändert sich an der Vorgehensweise nichts. Schließlich weiß der Dieb, wenn er am nächsten Morgen hört, dass diese Nacht kein Raub gemeldet wurde, dass er selbst auf Beutezug gegangen war, nicht aufgrund des Besuchs beim Kneipenwirt eine Nacht pausiert oder durch die Aktion des Tierheimbesitzers sich nicht aus dem Haus getraut hat. In der folgenden Nacht wachen dann zunächst beide Langfinger auf, erkennen sich und der Dieb schläft sofort wieder ein.

Kommen wir aber nun zu den typischen Fällen zurück und gehen davon aus, dass der Dieb einen einfachen Bürger mit seinem Besuch „erfreut" und fette Beute gemacht hat.

Mit dem Diebesgut wird nun nach zwei möglichen Weisen verfahren. Gibt es einen interessierten Mitspieler an der heißen Ware, so wird dieser selbige auch erhalten, weil er dem Dieb schlussendlich einfach einen höheren Preis zahlt. Vom Spielleiter angetippt, weiß dieser nun auch, dass er nun im Besitz der gestohlenen Sache ist. Da es allerdings beim Verticken des Diebesguts sehr anonym zugeht, weiß der Dieb selbst nicht, wer seine Errungenschaft erworben hat. Gibt es indes keinen speziellen Interessenten, so hat der Dieb ja zuvor selbst entschieden, wem er seine Beute verkaufen möchte. Oder vielleicht hat er diese sogar selbst behalten, was er aber nur zweimal innerhalb des

Spiels machen darf, zudem auch nur bei unterschiedlichen Beutestücken. Die Kasse des Gemüsehändlers wird hierbei aber nicht berücksichtigt. Hier gilt, nur Bares ist Wahres, und auf Geldscheinen steht kein Name.

Wichtig ist außerdem, dass an den Bestohlenen selbst das Diebesgut nicht zurückverkauft werden darf, weder die Dienstwaffe des verdeckten Ermittlers, noch der Hund des Tierheimbesitzers. Entscheidet sich der Dieb dafür, seine Errungenschaft zu behalten, verbleibt das Gestohlene bei ihm, er erhält aber kein Geld in dieser Runde. Spielt er mit dem Ex–Knacki gemeinsam, müssen indes beide sämtliches Diebesgut verkaufen. Der Verkauf der einbehaltenen Sachen geschieht dann, nachdem alle braven Bürger bestohlen wurden. Der Spielleiter verkündet, dass keine Raubzüge mehr stattfinden, sondern nur noch Diebesgut vertickt wird.

Denn schließlich muss der Dieb nicht nur mindestens die Hälfte seiner Mitspieler bestehlen, sondern die Beute auch wieder loswerden, um am Ende mit einem Sack voll Geld das Weite suchen zu können. Das sollte er bedenken, wenn er meint, das Risiko eines zweiten Hundebesitzers oder einer dritten Schusswaffe, die gegen ihn gerichtet sein könnte, nicht eingehen zu wollen. An den anderen Sachen haben der Dieb wie der Ex–Knacki schlussendlich auch kein gesteigertes Interesse, vor allem, weil ihnen so wichtige temporäre Komplizen entgehen können.

Bricht nun der Dieb eines Nachts bei dem Ex–Knacki ein, so bestiehlt er diesen natürlich nicht, sondern stellt bloß verdutzt fest, dass er gerade dabei war, eines seiner großen Idole zu berauben. Die beiden werden in dieser Nacht zu gemeinsam handelnden Freunden. Und somit beschließen sie, ab sofort abwechselnd auf Diebestour zu gehen.

Dazu setzt er den Ex–Knacki darüber in Kenntnis, wo er selbst bereits eingestiegen ist. Diese Aufgabe übernimmt der Spielleiter, sobald der

Ex–Knacki eines Nachts beschließt, einen bereits beraubten Mitspieler zu erleichtern. Dieser muss sich alsdann ein anderes Opfer suchen. An den Dieb darf er seine Errungenschaft allerdings nicht weiterverkaufen.

Der Ex–Knacki spielt dann nicht nur auf der Seite des Diebes, sondern vertritt den Dieb schon in der folgenden Nacht, obschon weiterhin immer der Dieb aufgerufen wird. Der Spielleiter übernimmt in diesem Falle aber seine Aufgabe und schüttelt dezent mit dem Kopf, wenn sich der Ex–Knacki einen bereits bestohlenen Mitspieler aussucht.

Wie oft darf der Dieb bei den einzelnen Mitspielern „zuschlagen"?

Fast alle Charaktere sind imstande, den Ernst der Lage zu erkennen und erstehen nach einem Einbruch bei ihnen eine Alarmanlage, die ein weiteres Eindringen verhindert, was dem Dieb durchaus bekannt ist.

Da der verdeckte Ermittler auch nach wiederholtem Einbruch einfach keine Vorsichtsmaßnahmen ergreift, ist er der einzige Mitspieler, bei dem regelmäßig mit einnächtiger Unterbrechung gestohlen werden darf. Der Dieb kann somit eine größere Zahl an Dienstwaffen erobern und an seine Mitspieler verkaufen, die darüber in der Nacht vom Spielleiter durch Antippen und eine aussagekräftige Handbewegung in Kenntnis gesetzt werden.

Was geschieht mit dem Diebesgut von Erschossenen?

Bei einer Verhaftung wird die zu Unrecht in Besitz genommene heiße Ware wie üblich konfisziert. Sie kann zwar nun nicht mehr zurückgegeben werden, ist indes nicht mehr im Besitz des Spielers, der sie erworben hatte. Sonst ändert sich nichts.

3.2 Die Eigenarten der „alten Frau mit Hund"

Wird sie nachts noch einmal wach und beschließt mit ihrem Tierchen Gassi zu gehen. Dies geschieht aber nur, wenn der Dieb oder der Ex-Knacki es nicht zufällig gerade auf ihren Hund abgesehen haben sollten. In diesem Falle wird auf die Gassiauslaufsequenz verzichtet.

Anderenfalls erhält sie in der Nacht eine wichtige Information, die sie bedenkenlos ihren Mitspielern zukommen lassen kann, so ihr geglaubt wird. Zwar muss sie dann damit rechnen, dass der Dieb irgendwann auch einmal bei ihr zuschlagen wird, aber ist die von ihr getätigte Aussage wirklich von so großer Bedeutung?

Da ihre Augen nicht mehr so gut sind, erkennt sie während ihrer nächtlichen Streifzüge die dunkel gekleidete Gestalt, die hektisch eines ihrer Nachbarhäuser verlässt. Aber sie ist sich nicht ganz sicher, um welches Gebäude es sich handelt. Daher schwankt sie zwischen drei möglichen Nachbarn. Tatsächlich weiß sie es nicht, sondern bekommt drei Mitspieler in der Nacht angezeigt.

Wenn am nächsten Morgen nun vom Spielleiter bekannt gegeben wird, welcher Charakter in der letzten Nacht bestohlen und was bei diesem entwendet wurde, kann sie sich dahingehend wenigstens eine grobe Einschätzung erlauben.
Sollte es irgendwann einen weiteren Hundebesitzer geben, ist mir diesem genauso zu verfahren, allerdings wiederum zweimal zu würfeln, wodurch eine größere Einschränkung bei der Lokalisierung des Tatortes möglich wird.

3.3 Die Aktionen des Verschwörungstheoretikers

Sobald bekannt ist, dass der Politikerin das „belastende Material" gestohlen wurde, tritt in der Nacht auch der Verschwörungstheoretiker auf den Plan, es sei denn, dass der Dieb auch bei ihm zugeschlagen hat. In der ersten Nacht darauf, erfährt nur er, um wen es sich bei diesem handelt.

In den darauf folgenden Nächten wird er wiederum geweckt und zeigt auf einen seiner Mitspieler, den er über die Identität der Politikerin informieren möchte. Nachdem ausgewürfelt wurde, wer nun wirklich diese Information erhält, wird der Betreffende vom Spielleiter kurz angetippt und wird, nachdem der Verschwörungstheoretiker wieder eingeschlafen ist, ebenso kurz wach und über die Identität des Volksvertreters in Kenntnis gesetzt.

Letztlich erfahren so günstigenfalls einige Mitspieler zwar nur etwas über die Identität der Politikerin, was sich allerdings gerade für den Kneipier und die alte Frau mit ihrem Hund bezahlt machen kann. Letztere spielen ja wie auch der Verschwörungstheoretiker zumeist (siehe Kapitel „10. Weitere Charaktere") auf der Seite der braven Bürger. Auf diese Weise bekommen einige Mitspieler Puzzleteile des großen Ganzen, müssen sie aber, da ihnen derweil nie so ganz klar ist, wer auf welcher Seite spielt, doch tendenziell für sich behalten, um den bösen Jungs und Mädels nicht zu viele Informationen zuzuspielen.

Schlägt aber der Dieb einmal bei dem Verschwörungstheoretiker zu, entfällt dessen Aktion so lange, bis die Politikerin selbst einmal verdächtigt wird und so in Untersuchungshaft gerät, wonach der Computer an seinen rechtmäßigen Eigentümer zurückgeht.

4. Der Ablauf am Tag

Zunächst gibt der Spielleiter bekannt, ob in der vergangenen Nacht ein Raub stattgefunden hat. Wurde bei dem Autohausbesitzer, dem Banker, der Politikerin oder dem Verschwörungstheoretiker eingebrochen, so werden deren entwendete Habseligkeiten vor allen Mitspielern als Diebesgut benannt.

Der Spielleiter übergibt nun an den Kommissar, der ab der zweiten Runde zuerst den Dieb aus der Untersuchungshaft entlässt und die Diskussion unter den Mitspielern anregt.

Jetzt findet eine Beratung statt, in welcher der Dieb ausfindig gemacht werden soll. Hat jemand vielleicht etwas gesehen? Wer hat eventuell eine Ahnung? Gibt es sachdienliche Hinweise? Da im Laufe der Zeit einige Mitspieler, wie wir gesehen haben, immer mehr Wissen erhalten, was sie für die von ihnen angestellten Vermutungen verwenden können, werden die Verdachtsäußerungen bald konkreter. Nach eingehender Debatte muss ein Verdächtiger gefunden werden. Dieser ist am Ende durch den Polizisten zu verhaften.

Wichtig: Findet nun einmal in der Nacht kein Raubzug statt, mögen einige unter den braven Bürgern aufatmen. Doch ist der Dieb noch nicht zwingend gefasst. Hatte er eventuell in der Nacht zuvor den Kneipier überfallen und muss wegen eines Katers pausieren? Oder aber hat er einen Komplizen gewonnen und deshalb keine Beute machen können?

Es ist somit unter Umständen nötig, ein und dieselbe verdächtige Person zweimal oder gar dreimal zu verhaften, um zu schauen, ob es sich bei ihr um den Dieb handelt.

Die ungünstige Variante „Kneipenwirt – Pause – Ex–Knacki" führt sogar dazu, dass der Dieb dreimal hintereinander nicht zuschlägt. Allerdings wird er dies in der vierten Nacht tun, worauf sich die Mitspieler dann einzustellen haben. Dieser Fall tritt jedoch sehr selten ein und kann aufgrund der Aussage des Spielleiters am Morgen über den Gegenstand des Raubs respektive bereits stattgefundener Raubzugsunterbrechungen eventuell ausgeschlossen werden (siehe auch: „6. Die Ergreifung des Diebes").

Wenn sich ein Verdacht nicht bestätigt, ist der Verhaftete am nächsten Morgen in jedem Falle wieder zu entlassen. Sollte es sich um einen „Unschuldigen" handeln, kann bei ihm natürlich während der Nacht ebenso eingebrochen werden, wie bei allen anderen Mitspielern. Falls der fälschlich Verdächtigte Diebesgut erstanden hatte, wird dies von der Polizei konfisziert und geht am Abend wieder an den Eigentümer zurück.

5. Weiterer Verlauf und unblutiges Ende

Das Spiel geht so lange weiter, bis der Dieb gefasst wird oder dieser mindestens die Hälfte der Mitspieler beraubt und diese seine Beute verkauft hat. Dann hat er genügend Geld „verdient", um sich absetzen zu können, er gewinnt. Beraubt er aber den verdeckten Ermittler und behält dessen Dienstwaffe, so zählt dieser Raub nicht. Nehmen wir an, dass sich alle Charaktere an der Diebesjagd beteiligen, so haben wir außer dem Dieb selbst noch elf weitere Personen, von denen aber nur fünf ausgeraubt werden können. Der Kommissar ist schließlich für den Dieb unantastbar.

Schaut der Dieb aber zwischenzeitlich auch beim Ex–Knacki vorbei, so muss er entsetzt feststellen, dass es hier nichts zu stehlen gibt. Nun reduziert sich die Zahl der Spieler, bei denen es einzubrechen gilt von zehn auf neun. Der Dieb ist nicht mehr allein, und zusammen haben sie die Aufgabe, alle Mitspieler (außer dem Kommissar) einmal zu berauben. Wird einer der beiden gefasst, gilt wieder, was zuvor allein für den Dieb gegolten hatte. Hätten sie sich gemeinsam die erwirtschaftete Geldsumme brüderlich geteilt, so muss nun wiederum der Verbliebene selbständig die Hälfte seiner Mitspieler ausrauben.

6. Die Ergreifung des Diebes

Gehen wir zunächst davon aus, dass unser Dieb noch allein unterwegs ist. Wird dieser nach Abschluss der täglichen Beratung verhaftet, so kann er in der Nacht nicht auf Beutezug gehen. Damit steht seine Täterschaft aber noch nicht zweifelsfrei fest. Nach einem Besuch beim Ex–Knacki (was dessen anschließende Komplizenschaft bedingt) wird schließlich auch kein Diebstahl begangen. Ebenso findet kein Beutezug statt, wenn der Dieb in der Nacht zuvor beim Kneipier eingebrochen war. Dieser ungünstige Fall tritt allerdings sehr selten ein, muss aber von den Spielern berücksichtigt werden. Weil aber in diesen beiden Nächten der Dieb keine Beute macht, hilft ein Insistieren auf einen fälschlich Beschuldigten letztlich sogar der „ehrlichen" Bevölkerung, da sie diesen auf diese Weise aus dem Kreise der Verdächtigen ausschließen können. Natürlich wird der Dieb nicht zweimal in einem Spiel den Ex–Knacki besuchen. Und der Kneipier wird auch nur einmal von ihm bestohlen. Erst wenn der Dieb gefasst (oder erschossen) wurde, darf auch der Ex–Knacki beim Wirt einbrechen.

Es gibt aber auch andere Hinweise, die von den Beratenden am Tag zu beachten sind. Wird ein Mitspieler beispielsweise zweimal in Haft genommen, nachdem zuvor ein konkretes Beutestück genannt wurde, und findet in diesen beiden Nächsten kein Raubzug statt, obwohl der Dieb aufgerufen wurde, ist er nun zwingend überführt. Die Einmalaktion des Tierheimbesitzers muss dabei natürlich auch berücksichtigt werden. Dies alles gilt, wie gesagt, wenn der Dieb der alleinige Täter ist.

7. Die Überführung beider Langfinger

Wenn der Dieb eines Nachts beschließt, einen Mitspieler auszurauben und dabei den Ex–Knacki an sein altes Leben erinnert, wird am kommenden Morgen vom Spielleiter kein Raubzug angesagt. Letzteres geschieht bekanntlich in drei Fällen:
Sollte allerdings der Tierheimbesitzer seine Hunde losgelassen haben, wissen die Mitspieler, dass der Dieb nicht aktiv war. Hören sie aber trotz eines stattgefundenen Raubzugs nichts davon, dass ein Diebstahl gemeldet wurde, so sollten sie sich erinnern, was am vorangegangenen Morgen als Beutestück genannt wurde. War es eventuell der Luxuswagen des Bankers oder etwa der Computer des Verschwörungstheoretikers? In solchen konkreten Fällen wissen sie, dass der Dieb nicht wegen eines Katers eine Runde ausgesetzt hat und von nun an der Ex–Knacki auf der Seite des Diebes mitspielt. Wurde nur ein Raub gemeldet, kann dem ebenfalls so sein, eventuell aber auch nicht, da der Einbruch beim Kneipier nicht mit der Nennung der Beute einhergeht. Stiehlt der Dieb zuerst beim Gemüsehändler und schaut dann beim Ex–Knacki vorbei, erscheint dies für die braven Bürger genauso, als hätte sich der Dieb in der Nacht zuvor beim Kneipier betrunken, um in dieser Nacht nun eine Schaffenspause einzulegen. Glücklicherweise kann hier die alte Frau mit ihrem Hund etwas Licht ins Dunkel bringen.

Spielt nun also der Ex–Knacki auf der Seite des Diebes, wird es für die anständigen Bürger etwas kniffliger. Sie müssen nun bedenken, dass die Verhaftung des Haupttäters erst am übernächsten Tag einen Einbruch verhindert, seine Demaskierung indes dadurch erleichtert wird, dass einzig der Kneipier seine Überführung noch verzögern könnte.

Er und sein Kompagnon werden ab jetzt bei den verbliebenen Mitspielern einbrechen, wobei der Ex–Knacki zuerst zuschlägt. Dies gilt es nun zu bedenken, wenn die Beratung am Morgen nach der Tat beginnt und ein Verdächtiger in Untersuchungshaft genommen wird.

8. Gewinn und Verlust

Es wäre zu schön, wenn der Gerechtigkeit genüge getan wäre, würde einfach der Dieb (inklusive gegebenenfalls seines Mitstreiters) gefasst und alle weiteren Akteure hätten damit gemeinsam gewonnen. Denn wie wir feststellen mussten, ist die Lage doch etwas komplexer.

Wird der Dieb geschnappt, verlieren nämlich sämtliche Mitspieler, die gerade im Besitz von Diebesgut sind, wobei hier Hunde oder Schusswaffen nicht zählen.

Ausnahmen sind hier zumeist der Tierheimbesitzer, der den Hund der alten Frau schließlich wieder zurück hat geben lassen, und dem Verschwörungstheoretiker, der ja niemandem mit seinen Informationen schaden wollte. Allerdings können sie auch in Besitz von Diebesgut gelangen. Schließlich bestimmt der gerade agierende Langfinger in der Nacht einen potenziellen Käufer, bevor er zuschlägt. Da es möglich ist, dass nicht alle Charaktere an einem Spiel teilnehmen, ist nicht zwingend der Umstand gegeben, dass beispielsweise die Geschäftsunterlagen des Autohausbesitzers an den Banker gehen, sollte dieser gar nicht mit in der Runde sitzen. Dann könnten diese oder anderes Diebesgut auch bei der alten Frau mit Hund, dem Verschwörungstheoretiker usw. landen, was dazu führen würde, dass nun einer dieser Mitspieler die Seiten wechselt (siehe auch: „10. Weitere Charaktere").

Der Autohändler, der Banker und die Politikerin indes müssen prinzipiell immer befürchten, von dieser Ambivalenz ihrer Rolle betroffen zu sein und nach dem Erwerb von heißer Ware von dem Dieb nach dessen Verhaftung verpfiffen und als Komplizen bezichtigt zu werden.

Dabei gilt, alle diese Mitspieler verlieren nach der Überführung des Langfingers, dessen heiße Ware sie erstanden haben, sofern sie nicht selbst zwischenzeitlich eine Nacht in Untersuchungshaft verbracht und das bei ihnen gefundene Diebesgut brav der Polizei ausgehändigt haben, natürlich in völliger Unkenntnis darüber, wie sie dazu gekommen waren.

Wichtig ist dabei zu beachten, wer wen bestohlen hat. Hat der Dieb den Banker die heiße Ware verkauft und der Ex–Knacki den Autohändler, so fürchten sich diese vor der Verhaftung des entsprechenden Mitwissers.

Und noch einmal ein wichtiger Hinweis: Hat sich der Ex–Knacki wieder auf sein früheres Leben besonnen und sich dem Dieb angeschlossen, gewinnen beide zusammen, wenn sämtliche Mitspieler außer dem Kommissar beraubt wurden, ganz egal, wie hoch die jeweilige Beute gewesen ist.

Allerdings gibt es da auch noch den Fall, dass der Dieb zuvor geschnappt wurde. Nun ist er auf sich allein gestellt und es gilt für ihn, was zuvor für den Dieb gegolten hatte. Er muss mehr als die Hälfte der Mitspieler eigenständig überfallen um zu gewinnen. Dabei kommt ihm einerseits zugute, dass die Beute des Diebes bei einer Verhaftung eines Unschuldigen beschlagnahmt wird und an die Eigentümer zurück geht, andererseits waren die braven Bürger aber nach der Festnahme des Diebes so erleichtert, dass sie ihre Alarmanlagen wieder ausgeschaltet haben und ein zweites Mal überfallen werden können.

Der Dieb hatte indes vor seiner Festnahme seinem Komplizen alle wichtigen Informationen auf einem Zettel notiert, so dass der Spielleiter nun dezent mit dem Kopf schütteln wird, wenn sich der Ex-Knacki einen Mitspieler aussucht, dessen Hab und Gut sich noch bei einem anderen befindet. Dann muss sich der Ex-Knacki ein anderes Opfer für diese Nacht suchen.

Wird der Ex-Knacki allerdings überführt, nachdem der Dieb selbst bereits die Hälfte der Mitspieler beraubt hat, gewinnt der Dieb durch die Unschädlichmachung seines Komplizen. Schließlich muss er jetzt nicht mehr mit diesem den Gewinn teilen. Dies würde dann geschehen, wenn der Dieb seinen Kompagnon erst relativ spät zu fortgeschrittenerer Zeit entdeckt.

Andersherum ist es auch möglich, dass der Ex-Knacki gleich zu Beginn seine alte Neigung wiederentdeckt und im Laufe des Spiels mehr Beute macht als der eigentliche Dieb. Dann gilt selbiges natürlich auch für ihn. Eine genaue Aufschlüsselung der Punkteverteilung findet sich in der nachstehenden Tabelle.

Punktetabelle (Hauptakteure)

Charakter (und dessen Situation am Ende des Spiels insofern er nicht erschossen wurde)	Der Ex–Knacki spielt nicht mit oder wird nicht rückfällig.		Der Ex–Knacki spielt mit und wird rückfällig.			
	Der Dieb wird		Geschnappt wird nur der		Alle beide werden	
	gefasst.	nicht gefasst.	Dieb.	Ex–Knacki.	gefasst.	nicht gefasst.
Kommissar, verdeckter Ermittler und Bürger, die nicht in Besitz einer Beute* sind	1	0	0	0	2	0
Ex–Knacki	(1)	0	1	0	0	2
Dieb	0	2	0	1	0	2
Bürger (jeweils, wenn in Besitz von Beute* des Diebes)	0	1	0	1	0	1
Bürger (jeweils, wenn in Besitz von Beute* des Ex–Knackis)	-	-	1	0	0	1
Politikerin, wenn sie weder bestohlen wurde noch heiße Ware besitzt	1	0	0	0	2	0
Politikerin (bestohlen vom Dieb)	0	1	0	1	0	1
Politikerin (bestohlen vom Ex–Knacki)	-	-	1	0	0	1

* Pistolen und Hunde zählen nicht als Beute. Ist der Verschwörungstheoretiker in Besitz des "belastenden Materials", so gilt dies auch nicht als Beute.

9. Schusswaffengebrauch und Zusatzpunkte

Nun gibt es aber auch noch die etwas seltenen Fälle, in denen von den diversen Pistolen Gebrauch gemacht wird, welche sich im Umlauf befinden mögen.

Hier gilt es einiges zu beachten. Der einfachste Fall wäre, wenn der Kommissar nachts den Dieb „in flagranti" erschießt. Dann kann dieser, auch sollte er die Dienstwaffe des verdeckten Ermittlers gestohlen und behalten haben, nicht zurückfeuern und ist aus dem Spiel.

Wer eine Dienstwaffe erworben hat, kann diese natürlich auch benutzen, allerdings geschieht dies auf eigene Gefahr. Wird ein Mitspieler mit einer solchen des Nächtens bestohlen, so kann er am darauf folgenden Morgen einen anderen erschießen, sofern er (mit Ausnahme der Politikerin, die auch als Bestohlene auf der Seite des Diebes steht) diesen als Dieb verdächtigt. Handelt es sich um den Langfinger, so gewinnen die „guten Jungs und Mädels", der Schütze erhält einen Extrapunkt. Erschießt er jedoch einen „Unschuldigen", heißt in diesem Falle nicht den Stehlenden, so wird er des Mordes beschuldigt, verhaftet und ist aus dem Spiel, der Erschossene allerdings auch, der dann auch nicht mehr bestohlen werden kann.

Wird tatsächlich der Dieb erschossen und hat dieser selbst noch eine Schusswaffe in petto, so darf er selbstverständlich noch zurückfeuern und schaltet damit auch den ersten Schützen aus. Ist das Spiel dann bereits zu Ende, weil kein Langfinger mehr auf Beutezug geht, so gewinnen die rechtschaffenden Bürger. Der Erschossene unter ihnen geht leider leer aus.

Im Falle einer solchen Ballerei dürfen nun aber auch die beiden Polizisten und jeder andere Mitspieler mit einer solchen von ihren Schusswaffen Gebrauch machen, was ebenso zu treffsicheren, wie fahrlässigen Ergebnissen führen kann. Wer einen Falschen erwischt, muss lebenslang einsitzen und ist raus aus dem Spiel, gewinnt auch nicht, wenn seine Partei am Ende den Sieg davonträgt. Wer erschossen wird, hat generell keine Chance auf einen Punkt oder mehr.

Werden beide Polizisten erschossen, gewinnt der Dieb und gegebenenfalls auch der entresozialisierte Ex–Knacki. Erkennen sich beispielsweise Banker und Politikerin, machen den verdeckten Ermittler aus und entschließen sich, die beiden Amtsträger „unschädlich" zu machen, da sie beide in dieser Runde auf der Seite des Diebes agieren, gewinnt nur der Dieb, während Banker und Politikerin gelyncht werden, was wiederum deren Gegenspielern einen Zusatzpunkt einbringt. Das Spiel ist dann allerdings vorüber.

Möglich ist unter anderem auch das folgende Szenario: Der verdeckte Ermittler erschießt den Dieb, dieser feuert zurück, dann erschießt der Kommissar den Ex–Knacki, welcher wiederum den Kommissar um die Ecke bringt. In diesem Falle gewinnen alle rechtschaffenden Bürger, die noch am Leben sind.

Bei alledem ist aber zu bedenken, dass zu Beginn nur der Kommissar, der Ex–Knacki und der verdeckte Ermittler eine Waffe besitzen. Erst durch das Bestehlen des letzteren, dem diese dann sofort ersetzt wird, kommen weitere Pistolen eventuell in Umlauf. Einmal in Besitz genommen, behält aber jeder Mitspieler diese Waffe dann bis zum Ende des Spiels. Allerdings hat jeder nur einen Schuss.

Endet das Spiel nicht direkt nach einer Schießerei, weil sich der Dieb bzw. der Ex–Knacki noch unter den Lebenden befinden, werden die Charaktere sowohl der Erschossenen wie derjenigen, die aufgrund der Ermordung fahrlässig verdächtigter Bürger nun eine lebenslange Freiheitsstrafe absitzen müssen, aufgedeckt und diese in der Nacht nun nicht mehr speziell aufgerufen.

Durch solcherart Schießereien wird sich zudem die Zahl der Mitspieler reduzieren, was den Langfingern entgegen kommt, die dann eventuell den einen oder anderen Raubzug weniger ausführen müssen.

Durch das Erschießen der enttarnten Gegenspieler kann jeder Waffenbesitzer zudem noch weitere Punkte ergattern. Aber er muss auf der Hut sein, denn er riskiert damit auch sein eigenes Leben.

In der folgenden Tabelle sind die Punkte für diese Fälle einmal zusammengefasst.

Zusatzpunktetabelle bei Schießereien I

Kommissar (sowohl am Tag als auch in der Nacht)	erschießt den Stehlenden.	1	Das Spiel geht eventuell weiter, wenn der andere Langfinger noch unterwegs ist. Der Charakter des Erschossenen wird offengelegt.
	erschießt den einzigen Langfinger.	1	Das Spiel ist beendet.
	erschießt einen Mitspieler, der gerade nicht stiehlt.	0	Die Bürger verlieren, das Spiel ist beendet.
verdeckter Ermittler (nachts)	erschießt den Stehlenden.	1	Das Spiel geht eventuell weiter, wenn der andere Langfinger noch unterwegs ist. Der Charakter des Erschossenen wird offengelegt.
	erschießt den einzigen Langfinger.	1	Das Spiel ist beendet.
	erschießt entweder den Dieb oder den entresozialisierten Ex–Knacki, in jedem Falle aber den, welcher gerade nicht stiehlt.	0	Der Langfinger ist raus, das Spiel geht weiter.
	erschießt weder den Dieb noch den Ex–Knacki, sondern einen der anderen Mitspieler.	0	Der verdeckte Ermittler und der Erschossene sind raus. Spiel geht weiter.
Ex–Knacki	schießt nur in Notwehr, wird also zuvor selbst tödlich getroffen.	0	Ist der Dieb noch dabei, geht das Spiel weiter.
Dieb	schießt nur in Notwehr, wird also zuvor selbst tödlich getroffen.	0	Ist der Ex–Knacki zu seinem Kompagnon geworden und noch dabei, geht das Spiel weiter.
Bürger (auch der verdeckte Ermittler) mit Schusswaffe, nachdem er nachts bestohlen wurde oder in Notwehr	erschießt den Stehlenden.	1 oder 0	Das Spiel geht eventuell (Komplize noch unterwegs?) weiter. Zusätzliche Schusswechsel sind möglich. Wird der Bürger selbst noch getötet, ist er raus und erhält null Punkte.
	erschießt den einzigen Langfinger.	1 oder 0	Der Erschossene kann (im Besitz einer Waffe) selbst noch feuern. Wird der Bürger selbst noch getötet, ist er raus und erhält null Punkte. Danach ist das Spiel beendet.
	erschießt einen Mitspieler, der gerade nicht stiehlt.	0	Beide Spieler sind raus, die Charaktere werden offengelegt. Das Spiel geht weiter.

Allerdings werden auch noch an andere Mitspieler eventuell Zusatzpunkte vergeben, je nachdem, welche Charaktere im Laufe des Spiels erschossen wurden.

Zusatzpunktetabelle bei Schießereien II

Werden folgende Charaktere während des Spiels erschossen	erhalten diese überlebenden Charaktere einen Extrapunkt, wenn die Gruppe, für die derjenige spielt, gewinnt:
Autohausbesitzer	Banker
Banker	alle, außer der Politikerin
Politikerin	alle, außer dem Banker
Verschwörungstheoretiker	Banker, Politikerin und Antifant*
Verdeckter Ermittler	Dieb und Ex–Knacki

* siehe Zusatzcharaktere

All dies gilt es während des Spiels zu bedenken und unsichtig zu handeln, bevor jeder für sich eine vorschnelle Einscheidung fällt.

Andererseits ist es natürlich auch möglich, auf den verdeckten Ermittler und damit auch die Möglichkeit des Gebrauchs von Schusswaffen generell oder mit der Einschränkung zu verzichten, dass einzig dem Kommissar die Gelegenheit gegeben wird, den Dieb oder den Ex–Knacki in flagranti zu erschießen.

Bei einer solchen Verschiebung des Kräfteverhältnisses kann es allerdings auch durchaus ratsam sein, ebenso auf den Ex–Knacki zu verzichten, was sich besonders in kleineren Runden auszahlen kann, bei denen weniger als zehn Mitspieler an einem Abend zusammen kommen.

10. Weitere Charaktere

Es ist natürlich auch möglich, dass sich in einer Spielerunde mehr als zwölf Personen zusammenfinden. Für diesen Fall gibt es noch vier (oder fünf) zusätzliche Charaktere, die hier noch vorgestellt werden sollen. Selbstverständlich ist es auch denkbar, sich darüber hinaus selbst zum Spiel passende Rollen auszudenken.

Die hier vorgestellten Charaktere kann man allerdings auch dazu nutzen, manche der oben beschriebenen zu ersetzen. Dies würde dann indes dazu führen, dass bestimmte Beutestücke auch bei der alten Frau mit Hund, dem Tierheimbesitzer, dem Gemüsehändler, dem Kneipier und dem Verschwörungstheoretiker landen können, die dann auch mit dem Dieb (und dem Ex–Knacki) gemeinsam agieren würden. Dadurch wird es für die braven Bürger etwas schwieriger, da sie nun nicht mehr auf die Stimmer der alten Frau mit Hund bedingungslos hören können, da sie ihre Mitspieler auch in die Irre führen könnte.

Hier zeigt sich auch, dass es nicht wirklich ratsam ist, sich selbst hinsichtlich seiner Rolle zu bekennen, da man unter bestimmten Bedingungen auch dann zum Verbündeten eines Langfingers werden kann, auch wenn man eigentlich einen grundanständigen Charakter verkörpert.

Diese Variationen sollten zu Beginn vom Spielleiter aber nicht angesagt, sondern stets nur die unterschiedlichen Möglichkeiten betont werden, wie sich die Anwohnerschaft in der Vorstadt dieses Mal zusammensetzen könnte. So wird der Reiz für den einzelnen Spieler größer, da nicht vollständig klar ist, ob eine konkrete Rolle wirklich vergeben wurde.

Hierdurch ändert sich gewissermaßen auch ein wenig der Ablauf, weshalb im Folgenden auch beschrieben wird, wann die betreffenden Charaktere aufgerufen werden.

Dazu kommt, dass nach einer Verhaftung das Raubgut wieder an den Eigentümer zurückgegeben wird. Dadurch erfährt so mancher Mitspieler etwas über den Charakter der zuvor jeweils Verhafteten. Erst durch das Weglassen mancher direkter Gegenspieler (Autohausbesitzer vs. Banker oder Verschwörungstheoretiker vs. Politikerin) wird diese Übersichtlichkeit aufgehoben, was die Komplexität und damit auch den Schwierigkeitsgrad erhöhen wird.

Spielt man die Diebesjagd jedoch zum ersten Mal, ist es hingegen ratsam, zunächst nur auf die Hauptcharaktere zu setzen, um nicht für allzu große Verwirrung zu sorgen. Nach ein paar Runden sollte allerdings bereits ein weiterer Charakter eingeführt werden, um den braven Bürgern die Jagd auf die Langfinger nicht zu leicht zu machen. Die folgenden Akteure können und sollten dem Spiel somit in abwechselnder Reihenfolge zugemischt werden:

Der Arbeitslose (13)

Der Arbeitslose nennt relativ wenig Besitztümer sein Eigen. Wenn ein Langfinger in seiner Wohnung einbricht, stiehlt er ihm daher anstatt eines Wertgegenstandes sein letztes Geld. Der Arbeitslose beschließt daraufhin, seine wenigen Habseligkeiten dem lokalen Flohmarkt zu verkaufen. Dabei lernt er die alte Frau mit Hund kennen und beginnt, ihr zu vertrauen. Der Spielleiter lässt beide in der darauf folgenden Nacht zunächst gemeinsam erwachen, die alte Frau mit Hund dann aber allein Gassi gehen. Da der Arbeitslose wenig Geld besitzt, möchte er kein Diebesgut kaufen. Sollte er indes (durch den Fingerzeig des Diebes) dazu genötigt werden, macht er aber eine Ausnahme.

Wird der Arbeitslose beraubt, erfolgt vom Spielleiter am nächsten Tag folgende Ansage:

Es fand diese Nacht ein gemeldeter Diebstahl statt.

Die Studentin und der Antifant (14 und 15)

In der Wohnung der Studentin findet der Dieb (oder der Ex–Knacki) einige Bücher, von denen er aber meint, dass er diese nicht an irgendeinen Mitspieler verscherbeln können wird. Der Langfinger beschließt, diese bei einem bekannten Internetauktionshaus zu verkaufen.

So ersteigert die Studentin ihre Bücher in der kommenden Nacht zurück, wobei der Langfinger die Ware im Namen eines anderen Mitspielers verkauft. Dies ist derjenige, den er in der vorangegangenen Nacht als potentiellen Käufer ausgemacht hatte. Die Studentin erfährt hierdurch von der Identität dieses arglosen Menschen, dessen Account gehackt wurde. Beide wachen in der Nacht zu einem beliebigen Zeitpunkt gemeinsam auf.

Der Berufsdemonstrant aus gutem Hause wiederum nennt eine umfangsreiche CD–Sammlung sein Eigen. Bei einem Verlust derselben, ist er darüber dermaßen empört, dass er dem Spieler rechts neben ihm einen Stein vor den Kopf wirft. Handelt es sich bei diesem zufällig um den Kommissar, wirft er den Stein dem Mitspieler rechts neben dem Kommissar an den Kopf. Handelt es sich dabei um keinen Langfinger, ist dieser davon etwas benommen und muss sich davon in der Nacht zunächst einmal erholen. Sowohl der Dieb als auch der aktive Ex–Knacki sind hart im Nehmen und lassen sich von ihrem Tun entsprechend nicht aufhalten. Der brave Bürger hingegen pausiert in der kommenden Nacht, weiß aber dann natürlich, wer der Antifant ist. Die Anzeige wird allerdings von der Polizei verschlampt, so dass er der Einzige bleibt, der von der Identität seines linken Nachbarn erfährt.

Hierzu wird der Getroffene vom Spielleiter unsanft angetippt, nachdem die Diebesbeute schon ihren Besitzer gewechselt hat. Die CD–Sammlung des Antifanten selbst ist wiederum das Objekt der Begierde, welches der Studentin am Herzen liegt. Im Besitz der CD–Sammlung spielt sie dann auf der Seite des Diebes (Ex–Knackis).

Wird der Antifant vor der Studentin beraubt und erwirbt sie tatsächlich seine Tonträger, so verzichtet sie später im Falle eines Einbruches in ihre Wohnung gar auf den Rückkauf der ihr gestohlenen Bücher und hört lieber die zuvor erstandenen CDs des bestohlenen Linksautonomen den ganzen Tag rauf und runter. In diesem Fall ersteigert die Bücher ein Unbekannter, sie erhält sie definitiv durch eine Beschlagnahmung nicht zurück. Die Studentin bleibt also für diesen Fall auf der Seite des Diebs (bzw. Ex–Knackis).

Der Antifant hingegen spielt zunächst auf der Seite des Diebes (bzw. Ex–Knackis), wechselt aber, sobald er bestohlen wird, auf die Seite der braven Bürger. Erhält er seine CD–Sammlung zurück, da diese im Falle einer Verhaftung der Studentin konfisziert wird, spielt er wieder für die oder den Langfinger.

Wird der Antifant beraubt, erfolgt vom Spielleiter am nächsten Tag folgende Ansage:

Es wurde diese Nacht der Verlust einer CD–Sammlung gemeldet.

Wird die Studentin beraubt, erfolgt vom Spielleiter am nächsten Tag folgende Ansage:

Diese Nacht wurde der Diebstahl wertvoller Bücher gemeldet.

Die Nymphomanin (16)

Die Frau mit einem Hang zur Promiskuität sucht sich jede Nacht einen Mitspieler anderen Geschlechts aus, bei dem sie bis zum Morgen verbleibt. Sie erfährt am Ende der Nacht, ob derjenige in irgendeiner Art aktiv gewesen ist. Da sie sich nicht für die Identität des Mitspielers interessiert, bekommt sie keine Informationen über dessen Charakter. Wird bei ihr eingebrochen, ärgert sie sich über den Verlust ihrer Schuhsammlung, welche wiederum der **Fußfetischist** freudig erwirbt.

Dieser ist eine Zusatzrolle für einen Mitspieler, die zuvor durch ein Losverfahren ermittelt wird. Der Spielleiter muss den Fußfetischisten natürlich am Anfang des Spiels ermitteln. Der Kommissar, der verdeckte Ermittler, der Dieb, der Ex–Knacki und die Nymphomanin selbst sind keine Fußfetischisten. Bei einer Verhaftung des Fußfetischisten gehen die Schuhe wie auch eventuell anderweitig aufgekauftes Diebesgut wieder an die ursprünglichen Besitzer zurück.

Die Nymphomanin wacht in jeder Nacht zuerst auf, um einen Mitspieler zu bestimmen, bei dem sie die Nacht verbringt. Kurz vor Morgengrauen erwacht sie ein zweites Mal und erhält vom Spielleiter einen Daumen nach oben (für aktiv) bzw. nach unten angezeigt. Sie spielt immer dann auf der Seite vom Dieb und/oder Ex–Knacki, wenn sie selbst von einem Langfinger als Käuferin bestimmt wird und dessen Diebesgut auch erhalten hat.

Wird die Nymphomanin beraubt, erfolgt vom Spielleiter am nächsten Tag folgende Ansage:

Diese Nacht wurde der Diebstahl einiger Kleidungsstücke gemeldet.

Punktetabelle (mit Zusatzcharakteren)

Charakter (und dessen Situation am Ende des Spiels insofern er nicht erschossen wurde)	Der Ex–Knacki spielt nicht mit oder wird nicht rückfällig.		Der Ex–Knacki spielt mit und wird rückfällig.			
	Der Dieb wird		Geschnappt wird nur der		Alle beide werden	
	gefasst.	nicht gefasst.	Dieb.	Ex–Knacki.	gefasst.	nicht gefasst.
Kommissar, verdeckter Ermittler und Bürger, die nicht in Besitz einer Beute* sind	1	0	0	0	2	0
Ex–Knacki	(1)	0	1	0	0	2
Dieb	0	2	0	1	0	2
Bürger (jeweils, wenn in Besitz von Beute* des Diebes)	0	1	0	1	0	1
Bürger (jeweils, wenn in Besitz von Beute* des Ex–Knackis)	-	-	1	0	0	1
Politikerin, wenn sie weder bestohlen wurde noch heiße Ware besitzt	1	0	0	0	2	0
Politikerin (bestohlen vom Dieb)	0	1	0	1	0	1
Politikerin (bestohlen vom Ex–Knacki)	-	-	1	0	0	1
Antifant (sowohl bestohlen als auch nicht in Besitz von Beute* eines Langfingers)	1	0	0	0	2	0
Antifant (entweder nicht bestohlen und/oder in Besitz von Beute* eines Langfingers)	0	1	0	0	0	2

* Pistolen und Hunde zählen nicht als Beute. Ist der Verschwörungstheoretiker in Besitz des "belastenden Materials", so gilt dies auch nicht als Beute.

Schlussbemerkungen

Die beiden vorgestellten Spiele konnten beinahe kaum unterschiedlicher sein. Und entgegen meiner Beteuerung zu Beginn dürfte gerade das Regelwerk für die Diebesjagd manchem zunächst etwas lang und kompliziert erschienen sein. Vielleicht mochte dies auch daran gelegen haben, dass darin bereits einige der sogenannten Erweiterungen vorweg genommen sind und es den Lesern überlassen ist, welches Detail sie unter Umständen ignorieren wollen und welches nicht.

Zudem sollte dieses zugegebenermaßen schmale Büchlein auch nicht wie die typischen Spieleanleitungen gestaltet sein, welche nur allzu oft in ihrer kompakten Dürftigkeit, platzsparend geschrieben, zu viele Fragen offen lassen.

Allerdings könnte der geneigte Leser nun etwas betrübt feststellen, dass er im Gegensatz zu einem kompletten Spiel, welches neben der Anleitung auch das dazu nötige Spielmaterial enthält, einzig zwei Regelwerke erstanden hat, um bei der Gestaltung der Karten, des Spielbrettes und vielleicht sogar der Spielsteine sich selbst überlassen zu sein.

Kurz und gut, um Zwiespalt oder die Diebesjagd spielen zu können, bedarf es also einiger Muße und Bemühung, sich zunächst das Spielmaterial selbst herzustellen. Diese Offerte gilt selbstverständlich nur für den privaten Gebrauch und keineswegs einen kommerziellen Vertrieb. Falls jemand an letzterem interessiert sein sollte, bitte ich darum, den Autor dieser Publikation zu kontaktieren.

Für alle, die sich nun kreativ ans Werk machen wollen, sei darauf verwiesen, dass die Herstellung eines Spielbrettes respektive der sechzehn Karten für die entsprechenden Charaktere jeweils keine große Sache ist.

Wenn wir uns die Maße des Spielbretts anschauen, fällt auf, dass es eine quadratische Form aufweist und somit beispielsweise in der Größe 21 cm x 21 cm von nahezu jedem handelsüblichen Drucker (nach Möglichkeit seitenverkehrt auf Klebefolie) zu Hause ausgedruckt werden kann. Für die Gestaltung der Karten des Diebesspiels hingegen mag eine gewisse Phantasie zusammen mit einem Hang zur ironischen Zuspitzung sicherlich von Vorteil sein, von inspirierenden Vorschlägen hier im Buch, wollte ich indes schon deshalb Abstand nehmen, da es für jeden beschriebenen Charakter eine Vielzahl darstellerischer Möglichkeiten gibt, die wiederum auch den Geschmack der jeweiligen Mitspieler treffen müssen.

Natürlich haben beide Spiele noch ein gewichtiges Manko, denn wo das eine stets auf zwei Kontrahenten beschränkt ist, benötigt man für das andere eine ordentliche Zahl an Mitstreitern. Doch vergessen wir die Vorteile nicht.

Denn im Gegensatz zu anderen Brettspielen dieser Art gibt es zu Zwiespalt bislang keine theoretischen Ausarbeitungen, kein einstudiertes Vorwissen kann dem engagierten Spieler gefährlich werden. Zum Gewinnen benötigt man also vor allem ein wenig strategische Phantasie.

Auf ein endlos erscheinendes Berechnen von Punkten und Pünktchen auf allerlei Nebenkriegsschauplätzen, verbunden mit dem Zählen diverser Sammelkarten, Geldstückchen und das am Ende absehbare Triumphieren des erfahrensten Spielers brauchen wir uns weder bei Zwiespalt noch bei der Diebesjagd einzustellen.

Sicherlich spielen auch hier die Übung und das damit wachsende Verständnis für die jeweiligen Eigenheiten der beiden Spiele eine Rolle, doch wuchert Zwiespalt nicht facetten- und nuancenreich in die Breite oder verliert sich in Korrekturen zu einer eventuellen ungerechtfertigten Bevorzugung des Startspielers, während die Diebesjagd der Entgültigkeit einiger Fehlschlüsse oder unvermeidlicher Zufallsentscheidungen des Werwolfspiels vorbeugt, indem das vorzeitige Ausscheiden der Mitspieler vermieden wird.

Mag sein, dass die Regeln auf den vorangegangenen Seiten etwas sehr ausschweifend erklärt wurden, aber hat man sie erst einmal verstanden, mag es auf diese Weise leichter sein, sie seinen Mitspielern in einfachen Worten wiederzugeben.

Bedanken möchte ich mich an dieser Stelle natürlich noch bei allen Probespielern, vor allem bei Gunda, Michaela, Bettina, Dirk und zudem bei Betti für den einen oder anderen durchaus wichtigen Hinweis.

So sei am Ende allen bis hierhin gefolgten Lesern viel Vergnügen mit und selbstverständlich ebenso viel Erfolg beim Ausprobieren der hier vorgestellten Spiele gewünscht.